SA

LA MISÉRICORDE

Mame

Traduction : Daniel Demongeot

Direction : Guillaume Arnaud
Direction éditoriale : David Gabillet
Édition : Charlotte Walckenaer, Olympe Richez

Direction artistique : Élisabeth Hebert
Conception graphique : Bleuenn Auffret

Mise en pages : Text'oh - Dole

Direction de fabrication : Thierry Dubus
Fabrication : Audrey Bord

15/27 rue Moussorgski, 75895 Paris Cedex 18
www.mameeditions.com

ISBN : 978-2-7289-2240-6
MDS : 531575

CONSEIL PONTIFICAL POUR LA PROMOTION
DE LA NOUVELLE ÉVANGÉLISATION

SAINTS DANS LA MISÉRICORDE

JUBILÉ DE LA MISÉRICORDE

TEXTE OFFICIEL

MISÉRICORDIEUX COMME LE PÈRE

MAME

PRÉSENTATION

En conclusion de la bulle d'indiction *Misericordiae Vultus*[1], le pape François écrit : « Que notre prière s'étende aussi à tant de saints et de bienheureux qui ont fait de la miséricorde la mission de leur vie. » (*MV*, 24.) Parmi les instruments pastoraux servant à bien vivre le Jubilé, un texte consacré aux saints ne pouvait pas manquer. Nous l'avons intitulé, de façon significative, *Saints dans la Miséricorde,* pour indiquer que ces figures si expressives ne se sont pas limitées à exprimer leur témoignage à travers les œuvres de miséricorde. Ils ont vécu, avant tout, au sein de la Miséricorde et c'est pourquoi ils ont éprouvé l'urgence d'en exprimer la beauté dans leur vie de sainteté.

1. Ci-après *MV.*

Nous remercions le père Antonio Maria Sicari, o.c.d., de nous avoir offert ces pages qui représentent des tableaux de sainteté, d'où ressort le visage de la Miséricorde. Les choix qu'il a effectués permettent de saisir en quelques pages la catholicité de l'Église qu'expriment des hommes et des femmes qui, dans diverses parties du monde, ont fait entendre la voix de la Miséricorde. Au côté de quelques Italiens, se trouvent deux Français, un Roumain, deux Polonais, une Hongroise, une Chiléno-Argentine, un Néerlandais, un Belge-Hawaïen et un Péruvien, une Albano-Indienne, deux Américaines, un Italo-Croate, un Italo-Brésilien et un Russo-Allemand. Le monde et l'Église sont véritablement représentés. Tous ne sont pas des saints ni des bienheureux. Pour certains, la reconnaissance de leur sainteté par l'Église est en cours, mais ils sont déjà perçus et ressentis comme de vrais saints en raison de leur témoignage et de leur profession de foi. Grand écrivain, le père Antonio Sicari a su résumer des années d'histoire, c'est pourquoi nous renvoyons à ses portraits de saints, publiés, jusqu'à nos jours, en treize volumes : *Ritratti di Santi.* Le lecteur y trouvera un approfondissement et une véritable mine de sainteté.

Comme l'écrit le pape François, les saints sont entrés dans les « profondeurs de la Miséricorde ». Que la lecture et la méditation de leur témoignage puissent également devenir une prière d'intercession pour vivre ce Jubilé dans la certitude inébranlable et dans la confiance en l'Amour miséricordieux du Père.

✠ Rino Fisichella
Président du Conseil pontifical
pour la promotion de la nouvelle évangélisation

INTRODUCTION

Nous avons choisi, pour intituler ce livre, les termes « saints *dans la* Miséricorde », plutôt que d'employer l'expression, plus traditionnelle, de « saints *de la* Miséricorde ». De fait, celle-ci aurait immédiatement conduit à évoquer d'innombrables visages de chrétiens qui, dans l'histoire, ont incarné, envers leurs frères, la Divine Miséricorde, de manière si « normative » et « exemplaire » qu'ils furent officiellement désignés par l'Église comme des modèles, des patrons et des intercesseurs.

Pourtant, il suffit de s'arrêter un instant pour comprendre que s'ils sont devenus miséricordieux envers leur prochain, c'est parce qu'eux-mêmes se sont laissé imprégner par l'infinie charité de Dieu. Ils sont devenus *miséricordieux* parce qu'ils se sont sentis submergés par la *Divine Miséricorde.*

Eux aussi, comme tous les croyants, ont d'abord été placés devant le double commandement d'« aimer [Dieu] de tout son cœur, de toute son intelligence, de toute sa force » et d'« aimer son prochain comme soi-même » (Mc 12, 33) : ils ont cherché à l'observer, parfois sans y parvenir complètement, mais en persévérant dans l'humble obéissance ; ainsi, ils ont été entraînés par le « trop grand amour » (Ep 2, 4) du Dieu-Trinité. La sainteté chrétienne commence, en effet, par la stupeur que nous éprouvons face au mystère de l'Incarnation du Fils de Dieu, quand nous nous apercevons qu'il est devenu à la fois notre Dieu et notre prochain, en unifiant en lui – une fois pour toutes – les deux commandements. Ce don de pouvoir étreindre ensemble Dieu et l'homme, d'un seul geste maternel et marial, a précisément transféré sur la terre la Miséricorde divine.

Cette stupeur se dilate, par la suite, jusqu'au déchirement, lorsque nous saisissons à quel point le Fils de Dieu a voulu se faire notre prochain, d'une façon inexorable, en nous suivant sur toutes nos routes et dans tous nos vagabondages, en se chargeant de nos péchés, en pardonnant, ou même, en anticipant et en prévenant nos chutes. Aussi, en habitant avec

Jésus (*Ami et Maître – Chemin, Vérité et Vie – Sauveur et Rédempteur*), il nous devient possible d'observer parfaitement ce grand et antique commandement, en ce sens que Jésus lui-même agit pour imprégner d'amour tout notre cœur, toute notre âme et toutes nos forces.

Si, de la sorte, nous devenons miséricordieux – comme de bons Samaritains qui prennent soin de leurs frères tombés sur la route –, c'est parce que nous voulons *rendre* à Jésus le don d'avoir été, pour nous tous, le premier bon Samaritain, et collaborer ainsi à son œuvre de salut. Une fois comprise dans son dynamisme miséricordieux, l'Incarnation exige toujours de nous l'humble requête de pouvoir nous offrir à la manière de la bienheureuse Élisabeth de la Trinité, qui, dans sa célèbre « Élévation à la Sainte Trinité », priait ainsi : « Esprit d'amour, survenez en moi afin qu'il se fasse en mon âme comme une incarnation du Verbe ; que je lui sois une humanité de surcroît, en laquelle il renouvelle son mystère. »

Les saints s'offrent de mille manières pour que la charité devienne, en eux, infiniment créative. Nous avons donc préféré introduire notre parcours hagiographique en parlant de

« saints *dans* la Miséricorde » pour rappeler que, dans l'histoire de chacun d'eux, tout est imprégné de cette Miséricorde : leur personne, leurs œuvres et les vicissitudes, même les plus pénibles de leur existence. La miséricorde de Dieu est, en effet, comme un feu qui brûle et purifie tout ce qu'elle touche. C'est un feu (trinitaire) qui brûle depuis le commencement de la création. Il suffit de ne pas vouloir obstinément se soustraire à son action ou s'en préserver.

I
LA JOIE D'ANNONCER LA MISÉRICORDE

Sainte Faustine Kowalska (1905-1938)

La fête de la Divine Miséricorde a été instituée officiellement par saint Jean Paul II le 30 avril 2000, lors de la canonisation de sainte Faustine Kowalska. À cette occasion, le saint pape déclara vouloir « transmettre son message au nouveau millénaire : à tous les hommes, pour qu'ils apprennent à toujours mieux connaître le vrai visage de Dieu et le vrai visage des frères[1] ». Le pape faisait évidemment référence aux messages que Jésus avait

1. Jean Paul II, *Homélie pour la canonisation de la bienheureuse Marie Faustine Kowalska*, 30 avril 2000.

transmis à cette humble religieuse polonaise et que celle-ci a recueillis dans un *Journal*[1].

Deux richesses majeures nous sont ainsi offertes :

1) La nécessité de la Miséricorde : presque à chaque page de ce long *Journal*, on perçoit le déchirement du cœur de Jésus pour que sa miséricorde soit connue et qu'aucune limite ne soit mise à celle-ci. Ainsi, le 4 avril 1937, sœur Faustine reçoit de Jésus cette invitation : « Écris : Tout ce qui existe est contenu dans les entrailles de ma miséricorde, plus profondément que l'enfant dans le sein de sa mère. Oh ! Combien douloureusement me blesse l'incrédulité en ma bonté. Ce sont les péchés de méfiance qui me blessent le plus douloureusement. » (*PJ*, 1076.)

Et, la veille de Noël de la même année : « Afin que tu connaisses, ne serait-ce qu'un peu, ma douleur : imagine et considère la douleur de la plus tendre des mères chérissant ses enfants, mais dont les enfants méprisent l'amour. Personne ne peut la consoler. Ce n'est là qu'une bien pâle image de mon Amour [...] (*PJ*, 1937). Écris, parle aux âmes de ma

1. Ci-après *PJ*. Les citations du *Petit Journal* de sainte Faustine sont accompagnées entre parenthèses du numéro de paragraphe correspondant.

grande miséricorde [...] (*PJ*, 965). Dis aux âmes où elles doivent chercher la consolation, c'est au tribunal de la Miséricorde ; c'est là qu'ont lieu les plus grands miracles qui se renouvellent sans cesse. Point n'est besoin, pour obtenir ce miracle, de faire de lointains pèlerinages ni de faire étalage d'un quelconque cérémonial, mais il suffit de se jeter avec foi aux pieds de celui qui tient ma place, de lui dire sa misère, et le miracle de la Miséricorde divine se manifestera dans toute sa plénitude. Même si cette âme était en décomposition comme un cadavre, et même si, humainement parlant, il n'y avait plus aucun espoir de retour à la vie et que tout semblait perdu – il n'en est pas ainsi selon Dieu, le miracle de la Miséricorde divine redonnera vie à cette âme dans toute sa plénitude. Ô malheureux, qui ne profitez pas maintenant de ce miracle de la Miséricorde divine ; en vain vous appellerez, il sera déjà trop tard ! » (*PJ*, 1448.)

Comme nous le voyons, dans la bouche de Jésus résonnent des paroles d'une infinie tendresse, qui accueillent toute chose. Pourtant, elles demeurent fermement ancrées dans un contexte ecclésial concret, avec un renvoi au « tribunal de la confession » et avec l'avertissement douloureux de ne pas tomber dans l'abîme avant qu'il ne soit « trop tard ». Celui-ci constitue toujours une éventualité sérieuse, si nous en décidons ainsi. Le message confié à sainte Faustine Kowalska ouvre grand – comme jamais auparavant – des abîmes de Miséricorde, qui peuvent tout accueillir et tout contenir, à l'exception de la dérision de Dieu.

Les discussions qui ont lieu, parfois, pour concilier la justice de Dieu et sa miséricorde ne doivent jamais nous faire oublier ce que le pape Benoît XVI expliquait précisément aux détenus de la prison de Rebibbia, près de Rome, en décembre 2011, alors qu'il dialoguait avec eux : « Justice et miséricorde, justice et charité, piliers de la doctrine sociale de l'Église, ne sont deux réalités différentes que pour nous, les hommes, qui distinguons attentivement un acte juste d'un acte d'amour. Pour nous, ce qui est juste est "ce qui est dû à l'autre", tandis que ce qui est miséricordieux est "ce qui est donné par bonté". Mais pour Dieu, il n'en est pas ainsi : en lui, la justice et la charité coïncident ; il n'y a pas d'action juste qui ne soit aussi un acte de miséricorde et de pardon et, dans le même temps, il n'y a pas d'action miséricordieuse qui ne soit parfaitement juste[1]. » D'autre part, pourquoi Dieu dissémine-t-il, dans l'histoire, ses invitations pressantes à accueillir sa miséricorde, en l'incarnant presque d'une manière visible, dans les mots et dans les gestes de ses saints, sinon en raison de l'urgence décisive qui fait que celle-ci ne soit plus repoussée ? La manière dont les saints invoquent cette miséricorde, l'annoncent et l'incarnent est d'autant plus poignante que la nécessité de l'accueillir est urgente et la possibilité de la mépriser dangereuse. La décision de l'homme de ne pas vouloir demeurer dans le mensonge est l'unique condition nécessaire pour que Dieu nous étreigne.

2) Des reflets de la Miséricorde : tous les saints ne nous ont pas laissé des réflexions ou des approfondissements concernant la Divine Miséricorde, mais ils nous ont toujours montré comment l'incarner, en obéissant à l'Évangile, qui nous demande d'être « parfaits comme votre Père céleste » (Mt 5, 48.) Nous le verrons bientôt en parcourant d'autres biographies.

---

1. Discours du pape Benoît XVI lors de la visite pastorale à la prison romaine de Rebibbia, 18 décembre 2011.

Pour sainte Faustine, plutôt que de recueillir des exemples, nous avons choisi d'apprendre et d'imiter la façon dont elle a, tout de suite, appris à prier, en implorant de Jésus la grâce de pouvoir devenir elle-même « toute entière miséricorde » : « Ô Seigneur, je désire me transformer tout entière en ta miséricorde et être ainsi un vivant reflet de toi... Aide-moi, Seigneur, pour que mes yeux soient miséricordieux, pour que je ne soupçonne jamais ni ne juge d'après les apparences extérieures, mais que je discerne la beauté dans l'âme de mon prochain et que je lui vienne en aide. Aide-moi, Seigneur, pour que mon oreille soit miséricordieuse, afin que je me penche sur les besoins de mon prochain et ne reste pas indifférente à ses douleurs ni à ses plaintes. Aide-moi, Seigneur, pour que ma langue soit miséricordieuse, afin que je ne dise jamais de mal de mon prochain, mais que j'aie pour chacun un mot de consolation et de pardon. Aide-moi, Seigneur, pour que mes mains soient miséricordieuses et remplies de bonnes actions, afin que je sache faire du bien à mon prochain et prendre sur moi les tâches les plus lourdes et les plus déplaisantes. Aide-moi, Seigneur, pour que mes pieds soient miséricordieux, pour me hâter au secours de mon prochain, en dominant ma propre fatigue et ma lassitude. Mon véritable repos est dans le service rendu à mon prochain. Aide-moi, Seigneur, pour que mon cœur soit miséricordieux, afin que je ressente toutes les souffrances de mon prochain. Je ne refuserai mon cœur à personne. Je fréquenterai sincèrement même ceux qui, je le sais, vont abuser de ma bonté, et moi, je m'enfermerai dans le Cœur très miséricordieux de Jésus. Je tairai mes propres souffrances. Que ta miséricorde repose en moi, ô mon Seigneur… » (*PJ*, 163.)

Et Jésus l'observait, satisfait, et approuvait avec insistance : « Ma fille, je désire que ton cœur soit semblable à mon Cœur miséricordieux. Tu dois être toute imprégnée de ma Miséricorde. » (*PJ*, 167.)

II
RECONNAISSANCE ENVERS LE DIEU « JUSTE ET MISÉRICORDIEUX »

Sainte Thérèse de Lisieux (1873-1897)

Dans l'histoire de la sainteté, il semblerait logique que le thème de la Miséricorde soit traité par ceux qui ont connu un long et difficile itinéraire de conversion ou par ceux qui se sont particulièrement consacrés aux œuvres de charité. Or, il est surprenant de constater que celle qui en parle de la façon la plus systématique est une sainte entièrement caractérisée par l'expérience et le message de l'« enfance spirituelle » : sainte Thérèse de l'Enfant-Jésus. Elle vécut tout comme un don de miséricorde, y compris son innocence et alla jusqu'à conclure sa vie par un « acte d'offrande à l'Amour miséricordieux du Bon Dieu ».

La Miséricorde est, en effet, le mot qui pourrait le mieux servir de titre aux trois « manuscrits[1] » de son *Histoire d'une âme.* Thérèse écrit le premier d'entre eux (Manuscrit A) – entièrement consacré au récit de ses années d'enfance, pleines de candeur – en étant persuadée de ne devoir faire qu'une chose : « Commencer à chanter ce que je dois redire éternellement : "Les Miséricordes du Seigneur !" » (Manuscrit A 2r). Elle l'achève en chantant encore, avec le psalmiste, que « [le Seigneur] est bon, éternel est son amour ! » (Ps 135, 1) mais prend soin de préciser : « À moi [Dieu] a donné sa *miséricorde infinie* et c'est *à travers elle* que je contemple et adore les autres perfections divines !... Alors toutes m'apparaissent rayonnantes d'*amour*, la justice même (et peut-être encore plus que toute autre) me semble revêtue d'*amour*... Quelle douce joie de penser que le Bon Dieu est *juste*, c'est-à-dire qu'il tient compte de nos faiblesses, qu'il connaît parfaitement la fragilité de

1. Sainte Thérèse de l'Enfant-Jésus, *Œuvres complètes*, Cerf-DDB, Paris, 1992.

notre nature. De quoi donc aurais-je peur ? » (Manuscrit A, 83v-84r.)

Dans le deuxième « manuscrit » (Manuscrit B), qui constitue un bref résumé de sa doctrine en forme de lettre, Thérèse se limite à commenter cette expression biblique : « Au petit, par pitié, on pardonne » (Sg 6, 6), illustrée par la plus belle image du prophète Isaïe : « Comme un enfant que sa mère console, ainsi, je vous consolerai. Vous serez nourris, portés sur la hanche ; vous serez choyés sur ses genoux. » (Is 66, 13.12.) Elle s'adresse à Dieu en lui faisant cette surprenante confession : « Je sens que si par impossible tu trouvais une âme plus faible, plus petite que la mienne, tu te plairais à la combler de faveurs plus grandes encore, si elle s'abandonnait avec une entière confiance à ta miséricorde infinie. » (Manuscrit B, 5v.) Aussi expliquait-elle à sa sœur carmélite dans une lettre : « Ce qui lui plaît [à Dieu] c'est de me voir aimer ma petitesse et ma pauvreté, c'est l'espérance aveugle que j'ai en sa miséricorde… » (Lettre 197.)

Son troisième manuscrit (Manuscrit C), écrit avec ses dernières forces, complète son chant des « miséricordes du Seigneur ». Désormais, Thérèse peut témoigner que Dieu « a dépassé toutes [ses] attentes, depuis [qu'elle a] découvert dans les Saintes Écritures le moyen d'aller au Ciel par une petite voie bien droite, bien courte, une petite voie toute nouvelle » (Manuscrit C, 3r) : se laisser soulever par les bras mêmes de Jésus.

Vers la fin de sa vie, Thérèse répondait à un missionnaire qui lui avait écrit, en lui racontant ses inquiétudes spirituelles au sujet du jugement dernier de Dieu : « Je sais qu'il faut être bien pur pour paraître devant le Dieu de toute sainteté, mais je sais aussi que le Seigneur est infiniment juste et c'est cette justice qui effraie tant d'âmes qui fait le sujet de ma joie et de ma confiance… J'espère autant de la justice du Bon Dieu que de sa miséricorde. C'est parce qu'il est juste que "Le Seigneur est tendresse et pitié, lent à la colère et plein d'amour […] Il sait de quoi nous sommes pétris, il se souvient que nous ne sommes que poussière […] comme la tendresse du père pour ses fils, la tendresse du Seigneur pour qui le craint !" (Ps 102, 8.14.13)… Voilà, mon frère, ce que je pense de la justice du Bon Dieu, ma voie est toute de confiance et d'amour, je ne comprends pas les âmes qui ont peur d'un si tendre Ami. » (Lettre 226.)

En somme, la petite Thérèse est parvenue à unifier en son cœur les deux caractéristiques de Dieu qui semblent presque se contredire, pour nous, devenus trop adultes : la miséricorde et la justice. Cela a pu se produire car elle les a mises toutes deux en contact direct, non pas avec l'expérience de la misère humaine qui se manifeste par le péché, mais avec l'expérience encore plus radicale de la pauvreté commune aux créatures.

Si Dieu s'émeut devant un pécheur, c'est parce qu'il s'émeut devant un enfant qui est tombé (un fils qui s'est fait mal). Mais, plus encore, il s'émeut parce qu'il s'agit d'un petit enfant qu'il a lui-même créé à partir de rien. Ainsi, Thérèse rejoignait immédiatement l'intuition la plus profonde que les théologiens doivent conquérir tôt ou tard : l'acte de la création est le premier acte divin de miséricorde, celui qui fonde sa miséricorde future envers tous les hommes.

Selon la petite sainte de Lisieux, Dieu Créateur et Père ne voit devant lui que trois typologies d'hommes : le petit enfant qui le remplit de tendresse, l'enfant qui est tombé et qui s'est fait mal, l'enfant qu'il a devancé pour qu'il ne tombe pas. À l'égard de ces trois petits enfants qui se jettent dans ses bras, Dieu est à la fois infiniment juste et miséricordieux, car « le propre de l'amour est de s'abaisser », « en descendant ainsi, le Bon Dieu montre sa grandeur infinie » (Manuscrit A, 2v-3r.)

Sachant qu'elle avait été protégée par la miséricorde de Dieu et toujours « pardonnée à l'avance », Thérèse avait inventé, pour elle, cette parabole géniale (dont il est bon de mettre en relief les majuscules et les italiques d'origine) : « Je suppose que le fils d'un habile docteur rencontre sur son chemin une pierre qui le fasse tomber et que, dans cette chute, il se casse un membre, aussitôt son père vient à lui, le relève avec amour, soigne ses blessures, employant à cela toutes les ressources de son art, et bientôt son fils complètement guéri lui témoigne sa reconnaissance. Sans doute cet enfant a bien raison d'aimer son père ! Mais je vais encore faire une autre supposition. Le père, ayant su que sur la route de son fils se trouvait une pierre, s'empresse d'aller devant lui et la retire (sans être vu de personne). Certainement, ce fils, objet de sa prévoyante tendresse, ne SACHANT pas le malheur dont il est délivré par son père, ne lui témoignera pas sa reconnaissance et *l'aimera moins* que s'il eût été guéri par lui… mais s'il vient à connaître le danger auquel il vient d'échapper, ne *l'aimera*-t-il pas *davantage* ? Eh bien, c'est moi qui suis cette enfant, objet de l'amour prévoyant d'un *Père* qui n'a pas envoyé son Verbe pour racheter les *justes* mais les *pécheurs*. Il veut que je l'*aime* parce qu'il m'a *remis* non pas beaucoup, mais *tout*. Il n'a pas attendu que je l'*aime* beaucoup comme sainte Madeleine, mais il a voulu que JE SACHE comment il m'avait aimée d'un amour d'ineffable prévoyance, afin que maintenant je l'aime à la *folie* ! » (Manuscrit A, 38v-39r.)

Dans ce passage, la calligraphie de Thérèse laisse entrevoir une vive émotion. Les mots sont parfois si marqués qu'ils semblent traverser la feuille : elle défend la découverte d'amour à laquelle elle est désormais attachée de tout son être. Elle a compris que la différence ne se situe pas entre celui qui a péché et celui qui n'a pas péché, mais entre celui qui a besoin d'amour parce qu'il a péché et celui qui a eu besoin de *plus d'amour* encore pour échapper au péché. Et si le premier aime beaucoup parce qu'il sait bien ce qui lui a été pardonné, le second n'aime pas tant qu'il ne se rend pas compte et parce qu'il ne se rend pas compte de l'amour prévoyant qu'il a reçu. Quand il s'en rend compte – et le fait de

« nous faire savoir » son amour prévoyant est une grâce immense que Dieu nous donne –, il se trouve dans la condition de devoir « aimer à la *folie* ».

Les possibilités ne sont donc pas seulement deux, mais trois : il y a celui qui aime peu parce qu'il pense qu'on lui a peu pardonné ; il y a celui qui aime beaucoup parce qu'on lui a beaucoup pardonné ; et il y a celui qui aime à la folie parce qu'il sait que tout lui a déjà été pardonné à l'avance, il sait que c'est aussi une grâce de ne pas avoir péché ! Cette dernière catégorie de personnes en sait infiniment plus sur la miséricorde de Dieu que celles qui ne l'ont expérimentée que dans leurs chutes.

Celui qui en doute peut utilement associer au souvenir de la petite Thérèse (elle aussi Docteur de l'Église) celui d'un grand Docteur, saint Augustin, connu pour sa conversion tourmentée, qu'il exprimait déjà de la même manière : « Je t'aimerai, Seigneur, et je rendrai grâce et je confesserai à la gloire de ton nom. Ah ! m'avoir pardonné, si graves, mes œuvres mauvaises et ignobles ! À ta grâce, je l'attribue, et à ta miséricorde, que tu aies fondu mes péchés comme de la glace. À ta grâce, je l'attribue aussi tout le mal que je n'ai pas fait.

[...] Tu m'as également, je l'avoue, remis tout le mal que j'ai tour à tour fait de mon chef et, sous ta conduite, omis de faire. [...] Quiconque appelé de toi a suivi ton appel, quiconque a évité [les fautes] [...] qu'il ne se gausse point de mon mal guéri par ce médecin qui lui a, à lui, procuré de ne pas être malade, ou plutôt d'être moins malade ! Qu'il t'aime donc autant, que dis-je ? beaucoup plus, puisque c'est à celui par qui il me voit dépouillé de mes péchés où si gravement j'ai langui qu'il doit de ne pas se voir ligoté en des péchés où si gravement il languirait[1]. »

1. Saint Augustin, *Confessions*, livre II, chapitre 7.

III
MINISTRES DE MISÉRICORDE

Le saint curé d'Ars
Saint Léopold Mandic

Le saint curé d'Ars (1786-1859)

Parmi tous les « miséricordieux », une vénération spéciale est due à ceux qui ont été appelés à administrer le sacrement de la miséricorde de Dieu et qui ont, saintement, accompli leur tâche. Telle était la conviction du saint curé d'Ars, qui aimait souvent répéter : « Le Sacerdoce est l'amour du Cœur de Jésus[1]. » Et il ajoutait : « Un bon pasteur, un pasteur selon le Cœur de Dieu, est le plus grand trésor que le Bon Dieu puisse accorder à une paroisse et

1. Bernard Nodet, « *Le Sacerdoce, c'est l'amour du Cœur de Jésus* » (in *Le Curé d'Ars, Sa pensée, Son cœur.* éd. Xavier Mappus, Paris, Foi Vivante, 1958.

un des dons les plus précieux de la Miséricorde divine[1]. »

À cet égard, les images bibliques les plus traditionnelles et les plus chères étaient non seulement courantes dans sa prédication, mais elles acquéraient une vivacité et un réalisme particuliers : « Notre Seigneur, expliquait-il à ses paroissiens, est sur la terre comme une mère qui porte son enfant dans ses bras. Cet enfant est méchant, il donne des coups de pied à sa mère, il la mord, il la griffe, mais la mère n'en fait aucun cas ; elle sait que si elle le lâche, l'enfant tombera et ne pourra pas marcher tout seul. Voilà comment est notre Seigneur. Il supporte tous nos mauvais traitements, il supporte toutes nos arrogances, il nous pardonne toutes nos bêtises, il a pitié de nous malgré nous[2]. »

Il arrivait parfois au saint curé de rencontrer des pénitents qui n'avaient plus confiance ou qui doutaient du pardon de Dieu, car ils étaient conscients qu'ils pécheraient encore. Il leur faisait alors cette sublime et incroyable réponse : « Le Bon Dieu sait tout. Avant même

1. *Ibid.*, p. 101.
2. Curato d'Ars, *Scritti scelti*, Città Nuova, Roma, 1976, p. 72.

que vous ne vous confessiez, il sait que vous pécherez encore, mais il vous pardonne. Qu'il est grand, l'amour de notre Dieu qui va jusqu'à oublier volontairement l'avenir, du moment qu'il peut nous pardonner[1] ! » Et, quand certains lui faisaient part de leur admiration parce qu'un fleuve de pécheurs se déversait de toute la France dans sa paroisse en quête de pardon, il précisait : « Ce n'est pas le pécheur qui revient à Dieu pour lui demander pardon, mais c'est Dieu lui-même qui court derrière le pécheur et le fait revenir à lui. »

Saint Léopold Mandic (1866-1942)

La même chose se produisait en Italie, à Padoue, durant la première moitié du XXe siècle, au confessionnal d'un frère capucin d'origine croate, Léopold Mandic[2], toujours assiégé de pénitents.

Pendant près de trente ans, il passa dix à quinze heures par jour dans le secret de son confessionnal, écoutant et pardonnant aux

---

1. Pour l'ensemble des citations concernant les saints, voir l'œuvre du père Antonio Maria Sicari, *Ritratti di Santi*, Jaca Book, 2006.
2. Pour l'ensemble de la documentation, cf. P.-E. Bernardi, *Leopoldo Mandic. Santo della riconciliazione*, Convento dei Cappuccini, Padoue, 1983.

pécheurs au nom de Dieu. En raison de sa petite taille et de son attitude très humble, certains de ses confrères le sous-estimaient et disaient de lui « que c'était un confesseur ignare, trop indulgent, qui absolvait tout le monde sans discernement ». D'autres l'appelaient, sur un ton péjoratif, « Frère pardonne-tout ». Mais c'était lui le plus recherché.

Il s'excusait humblement : « Ils disent que je suis trop bon, mais si quelqu'un vient s'agenouiller devant moi, n'est-ce pas là une preuve suffisante qu'il veut avoir le pardon de Dieu ? » « Vois-tu, expliquait-il à un confrère, il nous a donné l'exemple ! Ce n'est pas nous qui sommes morts pour les âmes, c'est lui qui a versé son divin Sang. Nous devons traiter les âmes comme il nous l'a enseigné par son exemple. » À une autre occasion, il expliqua : « Si le Crucifié devait me reprocher ma trop grande "indulgence", je lui répondrais : "Ce mauvais exemple, Seigneur, c'est vous qui me l'avez donné ! Moi, je ne suis pas encore arrivé à la folie de mourir pour les âmes !" »

Toutefois, ce frère si bon et paternel avait un secret : lui, précisément, qui accueillait et réconfortait tout le monde, lui qui offrait à tous la certitude de la miséricorde infinie de Dieu, éprouvait pour lui-même une crainte bouleversante et permanente de Dieu, même s'il admettait humblement n'avoir jamais commis de péché grave, au point de pouvoir dire : « Je sens que mon âme est encore une enfant ! »

Aussi fut-il demandé au père Léopold de vivre et de faire l'expérience, notamment pour ses pénitents, de toute la beauté dramatique et douloureuse de ce sacrement.

Dans les dernières années de sa vie, il était si perturbé que, parfois, il était assailli d'une terreur indéfinie et passait la nuit à pleurer. Il cherchait – comme Jésus dans le jardin – quelqu'un pour lui tenir compagnie. Les témoins déclarèrent que, sur son lit de mort, « il ressemblait à Jésus sur la Croix, quand tout le péché du monde pesait sur lui et qu'il se sentait abandonné par le Père céleste ». Seuls les mots de son confesseur parvenaient à le tranquilliser totalement, quand sur lui descendait la grâce du pardon qu'il avait dispensé aux autres.

Il n'y avait en lui aucune fragilité psychologique ni aucune faiblesse sénile, mais une décision très particulière de Jésus de le faire participer au drame de sa Passion. Si d'autres étaient appelés à débattre de la question du rapport indissoluble qui doit subsister entre miséricorde et justice de Dieu, le père Léopold devait la vivre en tenant compagnie à Jésus crucifié. Ainsi, toute la miséricorde était réservée aux pécheurs, tandis qu'il conservait en son cœur tous les droits de la justice de Dieu. Si bien qu'après avoir accordé le pardon aux pénitents, il leur disait : « C'est moi qui ferai pénitence ! »

Il n'est pas facile d'expliquer la glorieuse et difficile mission que Dieu confia au père Léopold, celle de vivre et de faire l'expérience (pour lui et pour ses pénitents) de la dramatique et douloureuse beauté de ce sacrement, si souvent négligé par les chrétiens. Trop de gens oublient, en effet, que c'est, avec l'Eucharistie, le cœur brûlant du christianisme.

Il faudrait répéter inlassablement à chaque chrétien : le mystère de la Rédemption te concerne, toi et ton besoin de salut, toi et ton destin ! C'est dans le sacrement de la Confession que tu peux prendre part personnellement aux événements de la Passion du Christ. D'abord, en prenant conscience que tu as crucifié le Seigneur de la vie (l'accusation des péchés), puis par la reconnaissance, l'action de grâce et l'adoration (dans le pardon). Alors le sang versé par Jésus sur la Croix descend directement sur ton âme.

IV
MISÉRICORDE POUR LES DERNIERS

Saint Vincent de Paul
Saint Damien De Veuster
Bienheureuse Teresa de Calcutta

Le nombre des pauvres et de ceux qui souffrent est certainement infini, mais, parmi tous, se cachent encore *les plus pauvres des pauvres* : ceux qui, si cela leur était possible, se cacheraient d'eux-mêmes et qui se terrent là où personne ne descend.

Saint Vincent de Paul (1581-1660)

Au siècle où il vécut, Vincent ne cessait de découvrir de nouveaux pauvres et de nouvelles misères dans son pays. Il acquit la conviction que Dieu l'appelait pour s'en occuper. Dès lors, il gagna le surnom de « saint *des* charités ».

C'est lui aussi qui ouvrit aux femmes, d'ordinaire destinées au cloître, le « monastère du monde ». Les mots par lesquels Vincent définit la nouvelle « forme de vie » de ses « sœurs de charité » sont célèbres, en raison du changement historique qu'ils signifiaient : « Elles auront pour monastère les maisons des malades et celle où réside la supérieure. Pour cellule, une chambre de louage. Pour chapelle, l'église paroissiale. Pour cloître, les rues de la ville. Pour clôture, l'obéissance. Pour grille, la crainte de Dieu. Pour voile, la sainte modestie. Pour profession, la confiance continuelle en la divine Providence, l'offrande de tout ce qu'elles sont[1]. »

À celles qui, parmi elles, s'occupaient des enfants abandonnés (une véritable plaie sociale de son temps), il donnait cette éducation, aussi resplendissante que l'or : « Vous ressemblerez à la Sainte Vierge, car vous serez mères et vierges ensemble. Vous voyez, mes filles, ce que Dieu a fait pour vous et pour eux ? *Depuis l'éternité, il a établi ce temps pour vous inspirer le désir de prendre soin de ces petiots*

1. Saint Vincent, X, 661, 24 août 1659.

qu'il considère comme siens : depuis l'éternité, il vous a choisies, mes filles, pour les servir. Quel honneur pour vous, servir les fils de Dieu[1] ! »

Dans le cœur et dans l'esprit de Vincent, les œuvres et les initiatives se multipliaient, autant que se multipliaient les urgences qu'il rencontrait sur sa route (les malades abandonnés, les vieillards sans famille, les mendiants, les bagnards, etc.). Ainsi, il avait pris l'habitude d'expliquer à ses sœurs que toute nouvelle œuvre était précisément la manière par laquelle Dieu les récompensait de la tâche précédemment acceptée. C'est avec cette « logique » (pour lui tout à fait évidente !) qu'il accepta et pratiqua toutes les œuvres de miséricorde, si nécessaires à la société de son temps.

Quand il décida de s'occuper des déments, il expliqua, extasié, aux sœurs : « *Ah ! mes sœurs, je vous le dis encore, jamais il n'y a eu une Compagnie qui ait loué plus Dieu que vous. Y en a-t-il quelqu'une qui ait les pauvres fous ?* Vous. Oh, mes filles, comme vous devez en être reconnaissantes à Dieu[2] ! » À juste titre, Henri Brémond, le grand histo-

1. Saint Vincent, IX, 133, 142, 7 décembre 1643.
2. Saint Vincent, XIII, p. 693 et s.

rien de la spiritualité chrétienne, observait : « Ce n'est pas l'amour pour les hommes qui a conduit Vincent à la sainteté, mais plutôt la sainteté qui l'a rendu vraiment et efficacement charitable ; ce ne sont pas les pauvres qui l'ont donné à Dieu, mais c'est Dieu, au contraire, qui l'a donné aux pauvres[1]. » La vraie charité naît, en effet, du regard qui ne se distraie jamais, pas même un instant, et qui est sans cesse tourné vers Jésus vivant, reconnu, aimé. C'est pourquoi Vincent insistait toujours : « La raison principale pour laquelle Dieu nous a aimés, c'est d'aimer Notre Seigneur Jésus Christ. Si nous nous éloignons, ne serait-ce qu'un peu, de la pensée que les pauvres sont les membres de Jésus Christ, immanquablement nous ferons diminuer en nous la douceur et la charité. » Son biographe raconte, d'ailleurs, que le dernier mot qu'il prononça sur son lit de mort fut précisément : « Jésus ! »

Saint Damien De Veuster (1840-1889)

En 1865, à Molokai, promontoire rocheux et aride de l'archipel d'Hawaï, une horrible

1. Cité par Jean Paul II dans son homélie pour le 250e anniversaire de la canonisation de saint Vincent de Paul, 27 septembre 1987.

colonie de lépreux, alors considérés comme incurables et, par conséquent, destinés à un isolement complet et perpétuel, fut créée. L'île était surnommée l'« enfer des vivants » ou encore le « cimetière des vivants » ; il n'y existait aucune loi ni solidarité humaine. Chaque mois, un navire venait y débarquer de nouveaux malades.

On aurait dit un lieu où aucune miséricorde n'était possible ; si les corps se défaisaient dans le manque d'hygiène le plus total – personne n'était sûr que l'eau elle-même n'était pas contaminée ! –, les âmes se disloquaient dans une corruption généralisée : esclavage sexuel des femmes et des enfants, abus en tous genres, alcoolisme et drogues, vol généralisé, pratiques idolâtres et superstitieuses.

Il en alla ainsi pendant huit ans, jusqu'au moment où débarqua, volontairement, sur l'île le premier homme blanc décidé à habiter saintement dans cet enfer : le père Damien De Veuster. Il se retrouva au milieu de quelque huit cents « intouchables », comme étaient surnommés les lépreux. Pour ce missionnaire, une mission radicale se présenta immédiatement : annoncer la miséricordieuse Incarnation du Fils de Dieu. Pour le faire de façon crédible, toucher ces corps malades et répugnants était la première forme d'évangélisation ! Toucher les bouches rougies par le mal pour y déposer l'hostie consacrée était « évangélisation », de même qu'oindre d'huile sainte les mains et les pieds gangrénés, bander avec tendresse ces horribles plaies, laisser les enfants se jeter dans ses bras et le caresser avec leurs moignons, manger à table le *poi* (viande mélangée à de la farine de taro) en plongeant ses mains, avec celles des lépreux, dans le plat commun, boire dans les tasses qui lui étaient offertes ou passer sa pipe à ceux qui la lui demandaient.

Le père Damien n'agissait pas ainsi dans le seul but de respecter la sensibilité des Hawaïens ni celle, encore plus aiguë, des malades, mais pour respecter, si l'on peut dire, la sensibilité de l'Église, qui est, par définition, « Corps du Christ ». Tous ces sacrements et toutes ces œuvres sont des signes d'un contact physique, salvifique, entre l'humanité du Christ et notre humanité souffrante. Si ce *contact* désiré était pour les Hawaïens une question culturelle, pour le père Damien, c'était une question de foi. Innombrables furent les œuvres de miséricorde accomplies par cet « apôtre des lépreux », mais si l'on veut choisir et raconter la plus significative et la plus efficace d'entre elles, il faut mentionner celle qui, normalement, ne requiert pas des chrétiens une pratique urgente ni fréquente, et que le catéchisme formule ainsi : « enterrer les morts ».

À Molokai, il n'y avait rien de plus humain à faire, étant donné que les soins étaient impossibles et inutiles ; seule la mort était certaine. Aussi, le père Damien décida d'inverser le parcours que l'on a coutume d'utiliser en pédagogie : si, pour tous les autres chrétiens, il était important d'apprendre « à bien vivre pour pouvoir bien mourir », pour les lépreux de Molokai, il fallait « apprendre à bien mourir pour pouvoir bien vivre ». Pour comprendre l'impact qu'eut la décision du missionnaire de « célébrer la mort », en lui rendant sa pleine dignité humaine, il suffit de penser que, jusqu'à son arrivée, les cadavres étaient abandonnés en plein air et donnés en pâture aux cochons. Les lépreux étaient alors qualifiés de « morts-vivants », et le gouvernement s'apprêtait à adopter une loi pour les déclarer « légalement morts ». Par conséquent, la mort régnait en maîtresse sur l'île, avec tout son trousseau d'horreurs et de turpitudes.

Avec une sainte intelligence, le père Damien eut l'intuition qu'il devait commencer par rendre la mort sacrée, en l'imprégnant de la foi chrétienne en la Résurrection. Il construisit donc un très beau cimetière, tout près de sa cabane, et fonda la confraternité des funérailles, qui se consacrait à la fabrication de cercueils en bois et accompagnait le défunt jusqu'à sa dernière demeure, en priant, au son de la musique et au rythme des tambours. Ce genre de cérémonie avait lieu au moins trois fois par semaine et invitait tout le monde au silence et à la prière, et non plus à la colère et à l'ivrognerie auxquelles les gens étaient habitués. Dès lors, il lui fut facile d'organiser les habitants en différentes confraternités pour parer aux besoins les plus urgents : la confraternité chargée du soin des enfants abandonnés, celle de l'éducation des fillettes, celle de la visite aux malades, celle de la construction d'églises et de maisons, ou celle pour l'entretien des cabanes. Ces confraternités devinrent aussi des structures de coexistence civile et d'assistance sociale, que personne d'autre n'aurait pu imaginer. À l'occasion, le père Damien en personne devenait architecte, terrassier, maçon, charpentier, etc. et, au fil des ans, il entreprit la construction de petites écoles, de dispensaires, d'aqueducs et de réservoirs. Suivant une logique profonde – que seul un saint peut immédiatement saisir –, la seconde grande œuvre de miséricorde réalisée par le père Damien fut la célébration solennelle du *Corpus Domini* (Fête-Dieu ou Fête du Saint-Sacrement), qui devint la fête la plus belle et la plus émouvante de l'île, rythmée par de magnifiques accompagnements musicaux.

Il parvint même à introduire la pratique de l'adoration perpétuelle : les tours d'adoration et les horaires, de jour et de nuit, n'étaient pas faciles à observer, mais quand un « adorateur » ne pouvait pas occuper son poste à l'église, il s'agenouillait pour prier sur sa paillasse. Quand, à la fin, le père Damien contracta lui aussi la lèpre et qu'il vit son corps commencer à se dégrader (il n'avait pas encore cinquante ans), il écrivit humblement à ses supérieurs : « Je suis devenu lépreux. Je pense que je ne tarderai pas à être défiguré. N'ayant aucun doute sur le véritable caractère de ma maladie, je reste calme, résigné et très heureux au milieu de mon peuple. Le Bon Dieu sait bien ce qui est le mieux pour ma sanctification et, chaque fois, je lui redis de tout mon cœur : que ta volonté soit faite ! »

Dès lors, quand il employait l'expression « mes membres malades », il lui semblait parler à la fois de ses membres souffrants et des malades de cette communauté qu'il considérait chrétiennement « comme le Corps du Christ et comme [son] corps ».

Bienheureuse Teresa de Calcutta (1910-1997)

La bienheureuse mère Teresa de Calcutta s'est, elle aussi, consacrée à unir le culte de l'Eucharistie et les œuvres de miséricorde.

Elle avait commencé sa difficile mission par cette prière, qui constituait déjà tout un programme : « Mon Dieu… je ne veux pas retourner en arrière. Ma communauté, dorénavant, ce sont les pauvres, leur sécurité, la mienne. Leur santé, ma santé. Leur foyer, mon foyer. Et pas seulement les pauvres : ceux que nul n'approche par crainte de contagion, de la saleté… Ceux qui n'osent pas prier dans les églises parce qu'ils n'ont rien pour se vêtir. Ceux qui s'écroulent dans la rue en sachant qu'ils vont mourir dans l'indifférence des passants. Ceux qui ne peuvent plus pleurer parce que leurs larmes sont taries. »

Mais où allait-elle trouver le secret et la force d'embrasser d'une très douce charité chacun de ces exclus ? À la suite, elle l'expliquera ainsi à ses filles : « Avez-vous vu avec quel amour, quelle délicatesse le prêtre traite le Corps du Christ à la messe ? Prenez bien soin de faire de même quand vous allez à la Maison du Cœur car vous y rencontrerez le Christ sous l'apparence de ceux qui souffrent. »

Beaucoup d'entre elles confesseront n'avoir jamais aussi bien compris l'expression eucharistique qui parle de la « présence réelle de Jésus » qu'en touchant les membres souffrants des malades. C'était précisément en vertu de cette sublime « identification eucharistique » que mère Teresa expliquait l'identité réelle de son institut de charité : « Avant tout, nous sommes des religieuses et non des assistantes sociales, professeurs, infirmières ou médecins [...]. La différence entre nous et les travailleurs sociaux, [c'est] que les uns agissent pour quelque chose et que nous autres agissons pour quelqu'un. Nous servons Jésus dans les pauvres. Tout ce que nous faisons – prière, travail, souffrance –, c'est pour Jésus. Nos vies n'ont aucun sens, aucune motivation en dehors de lui. [...] Il a donné sa vie pour nous. [...] Jésus est l'explication de notre vie. »

« Les plus pauvres des pauvres », dont les sœurs prennent soin, aujourd'hui encore, sont les enfants non encore nés, ceux qui souffrent de malformations, les enfants abandonnés, les filles-mères rejetées par leur famille, les lépreux, les prostituées, les prisonniers, les clochards, les alcooliques, les porteurs de graves handicaps, les malades mentaux, les victimes des guerres, les drogués, les malades du sida, les mourants. À qui lui demandait des informations plus détaillées sur son programme et de quelle manière elle entendait organiser ses « œuvres de miséricorde », mère Teresa répondait qu'elle avait toujours en vue le même commencement, le même centre et le même aboutissement :

– Le commencement : « Nous commençons toujours par nettoyer les latrines : nous commençons ainsi à ouvrir les cœurs. »

– Le centre : « J'aime Jésus de tout mon cœur et de tout mon être. Je lui ai tout donné, même mes péchés, et lui m'a plongée dans la tendresse de son amour. Maintenant et pour toujours, j'appartiens tout entière à mon Époux Crucifié. »

– L'aboutissement : « Travailler pour la sanctification des pauvres, pour donner des saints à Dieu… »

Il est vraiment impressionnant de voir une sainte qui perçoit les œuvres de miséricorde comme des œuvres capables de tracer une route à parcourir toute droite, une route qui va des lieux les plus humbles jusqu'aux sièges glorieux du paradis.

V
RECONNAÎTRE LE VISAGE SOUFFRANT DU CHRIST

Saint Jean de Dieu
Saint Camille de Lellis
Saint Joseph-Benoît Cottolengo

Saint Jean de Dieu (1495-1550)

Considéré comme « le créateur de l'hôpital moderne », Jean ne prit pas seulement soin des malades. Les soins qu'il offrait s'étendaient à toutes les œuvres de miséricorde. Dans une lettre, il écrivit : « Sachez-le, si nombreux sont les pauvres qui se présentent ici que, souvent, je suis stupéfait qu'on puisse les nourrir ; mais Jésus Christ pourvoit à tout et leur donne de quoi manger. Rien que pour le bois, c'est sept à huit réaux qu'il faut chaque jour ; la ville est grande, en effet, et comme il y fait très froid, surtout par ces temps d'hiver, les pauvres affluent en cette maison de Dieu. En comptant malades, bien portants, gens de service et voyageurs, il y a plus de cent dix personnes. [...] Il y a des perclus, des manchots, des lépreux, des muets, des aliénés, des paralytiques, des teigneux, des vieillards et beaucoup d'enfants, sans parler des nombreux voyageurs et passants qui s'arrêtent ici et auxquels on donne le feu, l'eau, le sel et les ustensiles nécessaires pour apprêter les aliments. Et, pour tout cela, il n'y a pas de revenus, mais Jésus Christ pourvoit à tout. [...] Et de la sorte je suis endetté et captif pour Jésus Christ seul...[1] »

Sa manière d'accueillir et de traiter les « malades d'esprit » présentait un intérêt particulier. Piero Bargellini[2] a écrit de lui : « Bien que complètement dépourvu d'études de médecine, Jean se montra plus compétent que les médecins eux-mêmes, en particulier pour soigner les maladies mentales, inaugu-

1. Première lettre de saint Jean de Dieu à don Gutierre Lasso de la Vega, 8 janvier 1550, Grenade.
2. Piero Bargellini (1897-1980) était un écrivain et homme politique italien. Il était notamment maire de Florence au moment de la grande alluvion qui frappa la ville en 1966.

rant ainsi, avec beaucoup d'anticipation, la méthode psychanalytique ou psychosomatique qui fera la fierté, quatre siècles plus tard, de Freud et de ses disciples[1]. » Le nom de l'institut qu'il a fondé, *Fatebenefratelli* (littéralement : « Faites-du-bien-mes-frères »), est, aujourd'hui encore, très parlant ; il dérive de la façon dont saint Jean de Dieu avait coutume de demander l'aumône pour ses malades : « Quelqu'un veut-il se faire du bien ? Mes frères, pour l'amour de Dieu, faites-vous du bien ! » En effet, on ne parvient pas à aimer vraiment la pauvreté des autres si, avant tout, on ne découvre pas sa propre misère cachée. D'où le devoir de « se faire du bien en le faisant aux autres ».

Saint Camille de Lellis (1550-1614)

Contempler Jésus en premier, avec une intensité poussée jusqu'à l'identification, c'est ce qui fait que la Miséricorde nous donne un regard semblable à celui du Christ, qui, à son tour, a incarné la façon dont le Père regarde *chaque homme*.

1. Piero Bargellini, *Un Santo al Giorno*, rubrique radio.

Il ne serait pas possible d'expliquer autrement la manière d'agir de saint Camille de Lellis, qui, non seulement exigeait le meilleur pour ses malades, jusqu'à vouloir gérer l'hôpital tout entier, mais exigeait avant tout, de lui-même et de ses collaborateurs, *la tendresse*.

Il recevait chaque malade à la porte de l'hôpital et le prenait dans ses bras ; on lui lavait et baisait les pieds, puis il était dévêtu de ses haillons, revêtu de lingerie propre et installé dans un lit bien refait. Camille voulait des gens pour l'aider « non par intérêt, mais pour servir les malades volontairement et pour l'amour de Dieu, avec cette affection que les mères ont coutume de manifester à leurs enfants malades ». Ses collaborateurs l'observaient pour apprendre : « Quand il prenait un malade dans ses bras pour qu'on lui change ses draps, il le faisait avec tant d'affection et de diligence qu'il semblait tenir la personne même du Christ. » Parfois, il criait à ses collaborateurs : « Plus de cœur, je veux voir plus d'affection maternelle ! » Ou encore : « Plus d'âme dans vos mains ! » Camille ne craignait pas de laver à mains nues les visages des malades dévastés par le cancer, puis il les embrassait, en expliquant à ceux qui étaient là que « les pauvres malades sont la pupille et le Cœur de Dieu et donc que ce que l'on faisait aux pauvres, c'est à Dieu lui-même qu'on le faisait ».

Que les malades fussent pour lui un prolongement de l'humanité souffrante du Christ, cela se devinait aussi à partir de certaines attitudes qu'il adoptait parfois, sans même sans rendre compte. Un de ses biographes raconte ceci : « Une nuit, on le vit s'agenouiller près d'un pauvre malade qui avait un cancer de la bouche si pestilentiel et nauséabond qu'il était impossible de supporter une telle puanteur. Néanmoins, Camille lui parlait en étant tout près de lui, “haleine contre haleine”, d'une manière si affectueuse qu'il semblait devenu fou d'amour pour lui ; il l'appelait : “Mon Seigneur, mon âme, que puis-je faire pour votre service ?”, pensant qu'il s'agissait de son bien-aimé Seigneur Jésus Christ… » Un autre témoin dit : « Je l'ai vu plusieurs fois pleurer du fait de la forte émotion de savoir que le Christ se trouvait dans ce pauvre, de sorte qu'il adorait le malade comme la personne du Seigneur. » Ces expressions peuvent sembler exagérées, mais l'impression que Camille laissait à ceux qui l'observaient ne l'était certes pas : entre la miséricorde effective, envers son prochain dans le besoin, et la tendresse pour la personne du Christ, il ne laissait subsister aucune frontière, si bien que, parfois, il racontait à un malade, en pleurant, les péchés de sa vie passée, convaincu qu'il en parlait à Jésus. Dans ses yeux et dans son cœur, Jésus ne devenait jamais un *idéal*, une *valeur*, une *cause* ou un *motif d'action :* il était et demeurait une *présence adorable et adorée.*

Saint Joseph-Benoît Cottolengo (1786-1842)

Saint Joseph-Benoît Cottolengo est mondialement connu pour la « Maison de la Divine Providence » qu'il construisit à Turin, maison qui aurait dû toujours avoir « comme fondement la Providence, comme âme la charité du Christ, comme soutien la prière, comme centre les Pauvres[1]. » Sa principale caractéristique consistait à être ouverte à tous ceux qui ne trouvaient pas d'autre refuge, même aux malades les plus répugnants et incurables. Elle était gérée avec, pour critère principal, d'offrir, à toutes catégories de

1. Description de la mission de la Petite Maison de la Divine Providence.

nécessiteux, une juste « famille », composée des assistés et des assistants, des volontaires et de l'ensemble du personnel nécessaire à leurs soins, pour constituer de véritables citadelles. Celles-ci étaient donc construites par ajouts successifs, selon les besoins qui se présentaient : un édifice était destiné aux malades mentaux, que saint Joseph Cottolengo appelait « mes chers amis » ; un autre aux sourds-muets, un autre aux invalides, un autre aux orphelins, un autre encore aux incurables, et ainsi de suite. Le saint attribuait à chaque édifice un nom typiquement chrétien : « Maison de la Foi », « Maison de l'Espérance », « Maison de Notre-Dame », « Bethléem » ; et il appelait l'ensemble, de façon sympathique, « mon arche de Noé ». Certains – surpris par sa créativité si géniale – ont plutôt suggéré le titre d'« Université de la charité chrétienne ».

À ses collaborateurs, Joseph Cottolengo enseignait, avec passion, que « les pauvres sont Jésus, non pas son image. Ce sont Jésus en personne et, comme tels, il faut les servir. Tous les pauvres sont nos maîtres, mais ceux qui sont les plus rebutants à nos yeux sont davantage encore nos maîtres, ce sont de véritables joyaux. Si nous ne les traitons pas bien, ils nous chasseront de la Petite Maison. Car ils sont Jésus[1]. » Aussi exigeait-il que la charité fût exercée par tous, « avec enthousiasme et avec joie ».

1. Cité par le pape Benoît XVI dans son discours à l'église de la Petite Maison de la Divine Providence, Cottolengo, Turin, 2 mai 2010.

VI
MISÉRICORDE POUR LES PETITS

Saint Jérôme Émilien
Saint Jean Bosco

Saint Jérôme Émilien (1481-1537)

Saint peu connu, l'Église lui a pourtant décerné le titre de « patron universel des orphelins et de la jeunesse abandonnée ». Noble vénitien, à une époque où la ville et l'Europe tout entière connaissaient famine et peste, Jérôme écouta « l'infinie lamentation des pauvres » et y découvrit « la douce occasion » que Dieu lui offrait de finalement pouvoir tout donner à son bien-aimé Jésus crucifié, plutôt que de s'accrocher à sa condition sociale aisée.

En quelques jours, il vendit tapisseries et argenterie, et si, durant le jour, il dépensait l'argent ainsi accumulé pour secourir le plus possible de misérables, la nuit, il parcourait les rues pour recueillir des malades qui étaient tombés et pour enterrer les morts abandonnés dans les ruelles. À la fin, il réunit autour de lui des centaines de garçons abandonnés et créa pour eux une grande famille dotée de maîtres artisans, de moyens et d'édifices pour les éduquer, les instruire et les introduire dignement dans le monde du travail. Il fonda ainsi une école des « arts et métiers » où la règle de la « participation et coresponsabilité » était en vigueur. Prière, charité et travail constituaient les piliers de sa méthode éducative. Bien que laïc, Jérôme – surnommé affectueusement par ses amis « le vagabond de Dieu » et « le pèlerin de la charité » – compta également, avec le temps, des collaborateurs prêtres qui le considéraient comme leur père, leur maître et leur guide spirituel, devenant alors le fondateur de la Compagnie des serviteurs des pauvres.

Saint Jean Bosco (1815-1888)

Saint Jean Bosco mérite particulièrement d'être évoqué ici, étant donné que – précisément au cours de cette année jubilaire de la

Miséricorde – nous fêtons le bicentenaire de sa naissance. L'Église entière reconnaît en lui un véritable génie de l'éducation, fondée sur la méthode préventive, et qui savait toucher directement le cœur des jeunes. L'une de ses caractéristiques était de savoir conjuguer la sévérité du rappel et de la correction avec la douceur du sourire. Ceux qui l'observaient en ces moments-là disaient : « Chez les saints, comme en Dieu, la justice et la miséricorde s'embrassent de manière ineffable. » Lorsque saint Jean Bosco parlait à ses jeunes du sacrement de la Confession, il le faisait de façon à faire comprendre que « pour lui espérance, miséricorde et confession étaient synonymes. »

On estime qu'il a assisté et éduqué, dans ses Oratoires, pas moins de cent mille jeunes à la dérive, en inventant pour eux les premières écoles du travail et en signant lui-même les contrats d'apprentissage, en créant les premières écoles du soir et du dimanche, les premières sociétés de secours mutuel pour les ouvriers et la première bibliothèque pour la jeunesse italienne, ainsi qu'en publiant personnellement deux cent quatre volumes aisément maniables. Il fut également le premier prêtre à avoir une galerie spéciale lors de l'Exposition nationale des sciences de l'industrie et des arts qui se tint à Turin, en 1884. Tout cela naissait d'une promesse intérieure que don Bosco expliquait ainsi à ses jeunes : « J'ai promis à Dieu que, jusqu'à mon dernier souffle, je vivrai pour vous, les jeunes. J'étudie pour vous, je travaille pour vous, je suis même disposé à donner ma vie pour vous. Sachez que tout ce que je suis, je le suis entièrement pour vous, jour et nuit, matin et soir, à tout instant[1]. »

1. Don Bosco, MB XVIII, 258.

VII
LA RICHESSE AU SERVICE DE LA PAUVRETÉ

Sainte Élisabeth de Hongrie
Serviteur de Dieu Frédéric Joseph de Haas
Bienheureux Vladimir Ghika

Sainte Élisabeth de Hongrie (1207-1231)

Bien que reine, elle s'était éprise de l'idéal prêché par François d'Assise, qui était encore vivant. À l'époque, nombre de princesses royales rêvaient d'imiter Claire d'Assise, au moins en étant « tertiaires ». Celles qui ne pouvaient pas quitter leurs luxueux châteaux pour vivre dans la pauvreté décidaient d'« habiter entre les murs splendides de la charité ». Ainsi, pour combattre une effroyable famine, un fléau qui s'était abattu sur ses terres, Élisabeth commença par faire construire un hôpital près de son château. Elle ordonna d'y accueillir tous ceux qui n'étaient pas en mesure de survivre seuls. Dès lors, malades, affamés et mendiants en tous genres y affluèrent. La reine « alla jusqu'à dépenser en bienfaisance les revenus des quatre principautés de son mari et à vendre des objets de valeur et de précieux vêtements… »

À la mort de son mari, elle quitta sa riche famille pour vivre dans un nouvel hôpital qu'elle avait fait construire et servir personnellement ses malades. Le confesseur qui la dirigeait attentivement et la surveillait afin qu'elle ne fît pas d'excès découvrait, de temps à autre, qu'Élisabeth cachait des pauvres auprès d'elle. D'abord, un enfant paralytique qui souffrait de fréquentes pertes intestinales et qu'elle gardait dans sa chambre, en l'assistant et en veillant sur lui, nuit après nuit. Il y avait aussi une fillette atteinte de la lèpre, qu'elle gardait près d'elle, comme sa fille, et qu'elle soignait toute seule. Enfin, elle offrait ses services les plus humbles à un autre enfant qui avait attrapé la gale. Quand Élisabeth mourut, « entièrement consumée par la compassion », elle n'avait que vingt-quatre ans ; elle avait passé toute sa vie à revendiquer la sublime dignité chrétienne de tous les pauvres de son royaume. Elle fut canonisée à peine quatre ans après sa mort, puis proclamée « patronne des associations caritatives, des veuves, des orphelins, des malades, des mendiants, de ceux qui sont injustement persécutés et de ceux qui souffrent. » Toutefois, nul ne peut être surpris que certains préfèrent la qualifier de « sainte de la justice ».

Serviteur de Dieu Frédéric Joseph de Haas (1780-1853)

D'origine allemande, il fut invité à exercer sa profession en Russie, où il devint « médecin-chef des hôpitaux des prisons de Moscou ». Il accomplit sa mission avec une véritable et entière « miséricorde pour les prisonniers ». Fiodor Dostoïevski, qui le connut personnellement, le décrit ainsi dans son roman *L'Idiot :* « Il y avait à Moscou un vieux général, j'entends un "conseiller d'État, actuel", porteur d'un nom allemand. Il avait passé sa vie à visiter les prisons et les criminels ; chaque groupe de condamnés dont on préparait l'envoi en Sibérie savait d'avance qu'il aurait la visite de ce petit vieux au Mont-des-Moineaux. Celui-ci s'acquittait de sa tâche avec beaucoup de sérieux et de piété ; il arrivait, passait en revue tous les forçats rangés autour de lui, s'arrêtant devant chacun d'eux, s'informant de leurs besoins, ne leur faisant presque jamais de morale et les appelant tous “mes pauvres amis”. Il distribuait de l'argent, leur envoyait les effets indispensables, du linge pour envelopper les pieds, de la toile ; quelquefois il leur apportait de petits livres religieux qu'il donnait à ceux qui savaient lire, profondément convaincu qu'ils les feuilletteraient durant la route et en feraient connaître le contenu à ceux qui ne savaient pas lire… Il les interrogeait rarement sur leurs forfaits ; tout au plus écoutait-il ceux qui entraient d'eux-mêmes dans la voie des confidences. Il ne faisait aucune différence entre les criminels, qu'il mettait tous sur le même pied. Il leur parlait comme à des frères ; eux-mêmes finissaient par le considérer comme un père. S'il remarquait, dans un groupe, une femme avec un enfant dans les bras, il s'en approchait, caressait le petit et faisait claquer ses doigts pour l'amuser. C'est ainsi qu'il passa sa longue vie jusqu'à sa mort ; en fin de compte, il arriva à être connu dans toute la Russie et dans toute la Sibérie, du moins chez les condamnés[1]. »

L'écrivain russe Maxime Gorki l'a évoqué en le désignant comme « l'humaniste de l'action » et l'a comparé à saint François, reconnaissant que les deux hommes avaient possédé « le grand bonheur de l'amour ». Frédéric Joseph de Haas eut le mérite particulier d'avoir réuni, autour de lui, de nombreux collaborateurs qui se consacraient à cultiver, dans les prisons, la « beauté de la miséricorde », à laquelle le peuple russe est si sensible. Il mourut béni par les innombrables pauvres qu'il avait assistés. À son chevet, accourut même le saint patriarche Philarète, qui le réconforta par ces mots : « Ta vie est vraiment pleine de grâce. Pleines de grâce sont tes œuvres. En toi s'accomplissent les paroles du Sauveur : “Heureux les doux, les affamés, ceux qui ont soif de justice, heureux les miséricordieux, heureux les cœurs purs, heureux les artisans de paix !”... Mon frère, tu vas dans le royaume des Cieux ! »

1. Fiodor Dostoïevski, *L'Idiot*, tome 2, chapitre 6.

Bienheureux Vladimir Ghika (1873-1954)

Un autre « visage » qui mérite d'être évoqué ici, notamment en raison de la profondeur de sa pensée, est celui d'un prince roumain – peu connu, mais non moins significatif – converti au catholicisme et déclaré martyr, en 2013, par le pape François.

Au début du XXe siècle, période tourmentée, il devint prêtre et fonda dans son pays (qui n'en avait jamais eu) le premier institut catholique consacré aux œuvres de charité. En cela, il s'inspira de saint Vincent de Paul. Il dépensa toute son énergie et ses biens pour les pauvres et les malades, et élabora aussi une « liturgie du prochain », très caractéristique, qui devint une constante de sa pensée et de la formation qu'il transmettait à ses disciples. « Liturgie du prochain » signifie que, lors de la visite aux pauvres, il faut célébrer « la rencontre de Jésus avec Jésus ». Il écrivait, en effet : « Double et mystérieuse liturgie : du côté du pauvre voyant venir à lui le Christ sous les espèces du frère secourable, du côté du bienfaiteur voyant apparaître dans le pauvre le Christ souffrant sur lequel il se penche. Et liturgie unique, par cela même, car si le geste est de part et d'autre ce qu'il faut, il n'y a plus des deux côtés que le

Christ rejoint dans deux êtres, à travers deux êtres, le Christ bienfaiteur venu vers le Christ souffrant pour se réintégrer dans le Christ victorieux, glorieux et bénissant. » De la sorte, la liturgie eucharistique, déjà célébrée sur l'autel, se prolonge dans la visite aux pauvres : il ne s'agit de rien d'autre que de « dilater la messe dans la journée et dans le monde entier, comme des ondes concentriques qui se propagent à partir de la communion eucharistique du matin[1]. »

Par conséquent, quand on l'appelait en cas de besoin, Vladimir s'acheminait en priant ainsi : « Seigneur, je vais voir un de ceux que tu as appelés un "autre toi-même". Fais que l'offrande que je lui apporte et le cœur avec lequel je la lui donnerai soient bien accueillis de mon frère souffrant. Fais que le temps que je passerai avec lui porte du fruit de vie éternelle, pour lui et pour moi. Seigneur, bénis-moi par la main de tes pauvres. Seigneur, soutiens-moi par le regard de tes pauvres. Seigneur, reçois-moi aussi, un jour, dans la sainte compagnie de tes pauvres. »

---

1. Vladimir Ghika, *Entretiens spirituels. La Liturgie du prochain*, Beauchesne, Paris, 1961.

Sa maxime préférée était : « Rien ne rend Dieu plus proche que le prochain. » Il la mit en pratique jusqu'à la dernière heure de sa vie, au milieu de l'horreur d'une prison communiste où il fut jeté à plus de quatre-vingts ans et où il passa les derniers mois de sa vie en soutenant les prisonniers par l'affection, les attentions et les récits d'un vieux grand-père. Commentant le récit évangélique des disciples d'Emmaüs, il leur disait : « Quand le jour meurt, les disciples de Jésus ne peuvent être reconnus que de la manière dont – comme leur Maître – ils savent "rompre le pain", en sacrifiant pour leurs frères le pain vivant de leur propre corps. »

VIII
MISÉRICORDE
POUR LES EXCLUS

Saint Martin de Porres
Sainte Catherine Marie Drexel
Servante de Dieu Dorothy Day
Frère Ettore Boschini

Saint Martin de Porres (1579-1639)

À l'époque et dans la société péruvienne où il naquit, Martin, fils illégitime d'un noble et d'une esclave, ne pouvait être considéré que comme un « bâtard ». Cependant, tout le monde finit par l'appeler « Martin de la charité », tant les gens l'admiraient pour son dévouement à soigner quiconque avait besoin de lui. Son « dispensaire médical », installé dans le couvent dominicain où il avait été accueilli comme oblat, était toujours rempli de malades, notamment parce que ses guérisons étaient innombrables et souvent prodigieuses. Mais frère Martin expliquait en souriant : « Je te soigne, Dieu te guérit. » Aussi, la renommée du frère ne cessait-elle de se répandre, et les files de pauvres et de malades de s'allonger.

Son cœur était surtout obsédé par une situation qu'il connaissait bien : celle des orphelins livrés à eux-mêmes, contraints d'errer sur les routes, de se livrer à la mendicité, privés de toute éducation et sans espérance de s'en sortir un jour. Il fonda pour eux l'institut *El Asilo de Santa Cruz* – le premier collège du Nouveau Monde ! –, où il les accueillit par dizaines, en leur assurant non seulement la subsistance nécessaire, mais aussi la présence rémunérée d'assistants et de formateurs. Il fournissait également aux jeunes filles en âge de se marier une dot convenable.

Il réussit une espèce de prodige : une sorte de « guérison sociale ». Désormais, Martin était vénéré par le vice-roi, par le gouverneur, par l'évêque de la ville et par une foule de gens aisés qui mettaient leurs richesses à sa disposition. Transitant par les saintes mains du frère bâtard, une partie des richesses accumulées par les riches retournait aux pauvres, si bien qu'au Pérou, Martin a été déclaré « patron de la justice sociale ».

Sainte Catherine Marie Drexel (1858-1955)

Née à Philadelphie, Catherine appartenait à l'une des familles les plus riches de Pennsylvanie. Pourtant, elle choisit de consacrer sa vie et ses biens aux « Américains d'origine » (ceux qu'on appelle les « Indiens »), après avoir lu un livre qui dénonçait les vexations, les injustices et les malversations qu'ils subissaient de la part des fonctionnaires gouvernementaux, ce que l'auteur qualifiait de « véritable génocide ». Elle commença par se rendre dans plusieurs réserves indiennes du Far West pour évaluer le problème, puis entreprit un voyage analogue dans les États du Sud, où elle découvrit la situation misérable des Afro-Américains. En dépit de l'abolition de l'esclavage, ceux-ci continuaient à travailler dans les plantations, opprimés et mal payés, sans droits, sans instruction et sans assistance médicale, encore assujettis à une dure loi de ségrégation raciale. Dès lors, elle commença à dépenser son important patrimoine pour construire des écoles dans les réserves indiennes et dans les ghettos des « Noirs ». Mais elle s'aperçut que cela ne suffisait pas.

En 1891, avec treize amies, elle fonda alors une nouvelle famille religieuse qui portait ce nom officiel, approuvé par Rome : Congrégation du Très-Saint-Sacrement pour les Indiens et les Noirs d'Amérique, qui ajoutait aux vœux traditionnels la promesse « de ne jamais entreprendre aucune œuvre qui porterait à négliger ou à abandonner les Noirs ou les Indiens ». La référence à l'Eucharistie servait à rappeler que « le Christ s'est donné tout entier pour être nourriture pour tous, sans distinction de race ni de couleur ». Elles commencèrent à ouvrir des écoles et des internats pour les enfants des *pueblos* et des collèges pour les jeunes filles noires. Furent ensuite créés des missions, des églises, des écoles, des collèges, des centres de formation, disséminés dans vingt-et-un États de l'Est et du Far West américains – là où la présence des populations autochtones était la plus nombreuse – ainsi que dans tous les États du Sud, où languissaient les Afro-Américains.

L'année 1915 vit la fondation, à La Nouvelle-Orléans (Louisiane), de la Xavier University, première et unique institution d'études supérieures des États-Unis destinée aux Afro-Américains. À chaque objection des bien-pensants, les sœurs, souvent durement persécutées, rétorquaient avec ténacité qu'elles entendaient ne pas faire de distinctions entre « enfants de Blancs », « enfants de Nègres » ou « enfants de Sauvages », selon l'expression utilisée à l'époque, mais de ne voir en eux que des « enfants de Dieu ». À cet égard, elles aimaient dire de façon sublime que « la grotte de Bethléem, où Jésus s'était donné à tous, devait être la plus grande éducatrice du monde ! »

En soixante ans d'activité, Catherine fonda cent quarante-cinq missions catholiques, douze écoles pour Indiens et cinquante pour Afro-Américains, ainsi que quarante-neuf couvents pour les cinq cents sœurs dévouées à leur éducation, distribuant quelque vingt millions de dollars. À sa mort, beaucoup se demandèrent « ce qu'aurait été l'Amérique et ce qu'aurait été l'Église catholique vis-à-vis des minorités ethniques si elle n'avait pas été là ». Et tous reconnaissaient : « Catherine Drexel a sauvé l'Église de l'embarras en matière de justice sociale. »

Servante de Dieu Dorothy Day (1897-1980)

Après avoir vécu pendant de nombreuses années dans une recherche spasmodique de la vérité et de la sainteté, sans parvenir à discerner, elle en vint, peu à peu, aux « œuvres de miséricorde ». Successivement athée, anarchiste, socialiste, contestatrice et rebelle, Dorothy Day possédait en elle « le style de vie de saint François d'Assise, le courage prophétique de Catherine de Sienne, le dynamisme de Thérèse d'Avila, la confiance de Benoît-Joseph Cottolengo et l'esprit d'accueil de saint Jean de Dieu. » Malgré toutes les expériences étranges qu'elle faisait, le désir de prier ne cessait de monter en elle, irrésistiblement. Elle se convertit à l'âge de vingt-cinq ans, en se jetant littéralement dans les bras de Dieu et de l'Église ; ce fut un renoncement à toute autre sécurité, mais en continuant à soutenir un mouvement en faveur de toutes les batailles socialistes qu'elle estimait justes. Elle ne cessait de répéter que « voir le Christ en l'autre, l'aimer et en prendre soin est synonyme de Paradis, car vivre en union avec Dieu nous fait goûter par anticipation la joie céleste. Quiconque vit fort de cette conscience est un saint. » Toutefois, elle soutenait avec autant de force que « les vrais athées sont ceux qui ne voient pas le Christ chez les pauvres ». Elle ne parlait à ses collaborateurs, souvent venus de divers horizons idéologiques, que des « œuvres de miséricorde » et ne connaissait pas de meilleure expression pour décrire les idéaux du *Catholic Worker Movement*, qu'elle fonda en 1933.

Elle n'exigeait qu'une chose : que, dans chaque maison, une pièce soit réservée à la prière, où chacun puisse aller librement quand il le voulait. L'important était que l'on voie clairement qu'il y avait un cœur orant : « Certes, nous donnons à manger aux affamés. Nous essayons de fournir un abri aux déshérités et de leur fournir des vêtements ; mais c'est parce qu'une foi forte nous pousse au travail : nous prions. Si quelqu'un venait nous rendre visite et ne remarquait pas nos prières et ce que signifie prier, il passerait à côté du cœur de la question. » Dorothy a été surnommée « l'anarchiste de Dieu », mais sur sa tombe est représenté un panier rempli de pains et de poissons, accompagné de cette inscription : « *Deo gratias !* »

Serviteur de Dieu frère Ettore Boschini (1928-2004)

Ce religieux camillien consacra sa vie aux miséreux de Milan. Il commença par s'en occuper dans la rue en procurant quelque réconfort aux clochards, mendiants, vieilles prostituées, alcooliques et drogués. Puis il comprit que c'était trop peu et décida de leur offrir un refuge stable, équipant alors deux grands dépôts inoccupés sous la gare ferroviaire. Les Milanais les plus intelligents et touchés disaient que c'était « la cathédrale du frère Ettore ».

À partir de ce moment-là, il se mit à parcourir les rues et les ruelles de Milan, s'arrêtant auprès de chaque clochard enveloppé dans ses guenilles et l'invitant avec douceur : « Viens avec moi ! » Et comme le nombre des hôtes nécessiteux croissait, le frère Ettore multipliait les « refuges », faisant naître de nouveaux centres d'hébergement dans différents pays. Il en fonda même un en Colombie pour les enfants des rues. On disait de lui qu'il était « un saint qui vivait en même temps à différentes époques. C'était un guerrier désarmé, comme les saints du passé, qui faisait son chemin parmi les désespérés, même les plus dangereux, avec le sourire et la force de la foi. Mais c'était aussi un homme de l'ère technologique, qui utilisait l'ordinateur et le téléphone portable[1]. » Quelqu'un l'a décrit ainsi de manière fulgurante : « C'était un mystique aussi concret qu'un ouvrier. »

1. Entretien de sœur Teresa Martino, dans le cadre de l'événement « *Le Parabole dei Vangeli* », en l'honneur de frère Ettore Boschini.

IX
EN MISSION DE MISÉRICORDE VERS LES LOINTAINS

Saint Pierre Claver
Vénérable Marcello Candia

Saint Pierre Claver (1580-1654)

Encore jeune étudiant jésuite à Palma de Majorque, Pierre Claver accueillit l'invitation du vieux frère portier de son couvent, qui lui racontait ce qui arrivait dans le Nouveau Monde et lui suggérait ceci : « Les âmes des Indiens ont une valeur infinie, car elles ont le même prix que le Sang du Christ… Pars pour les Indes racheter toutes ces âmes qui se perdent ! » Pierre demanda alors à être envoyé à Carthagène, en Colombie, port où débarquaient chaque mois un millier d'esclaves. Il n'avait aucune possibilité d'agir socialement ou politiquement, mais il décida de se mettre, tout de suite, au service de ces pauvres, en se présentant comme « esclave des Noirs pour toujours » et en œuvrant pour leur donner une dignité à laquelle ils n'auraient jamais pu aspirer : la dignité de se sentir aimés.

Autant que possible, il portait secours aux esclaves, après avoir fait l'aumône pour eux, afin d'acheter des vivres et des biens de première nécessité. Puis, commençant par ceux qui arrivaient déjà moribonds et épuisés, il dispensait une catéchèse extraordinaire, à l'aide de grands panneaux qu'il peignait lui-même de couleurs vives, pour raconter la vie et la miséricorde de Jésus crucifié. Toujours avec la même méthode et d'autres panneaux illustrés, Pierre racontait l'Évangile, expliquait les vérités de la foi chrétienne et enseignait les dix commandements de Dieu. Il était convaincu d'avoir atteint le cœur de ses pauvres lorsqu'il les entendait répéter exactement la formule qu'il leur avait apprise avec insistance, en pleurant d'émotion : « Jésus Christ, Fils de Dieu, vous êtes mon père, ma mère et tout mon bien. Je vous aime beaucoup et je ressens une extrême douleur de vous avoir offensé. Seigneur, je vous aime beaucoup, beaucoup, beaucoup ! »

Avec le temps, Pierre Claver apprit aussi à parler différents dialectes et réunit autour de lui de nombreux catéchistes. Il fut proclamé « patron universel des missions parmi les populations noires ».

Vénérable Marcello Candia (1916-1983)

« De riche entrepreneur qu'il était, il se fit pauvre », donnant tous ses biens et se donnant lui-même tout entier. Dans sa jeunesse et bien plus tard encore, il apprit à conjuguer le travail avec une sage administration de ses biens et une charité sociale toujours plus attentive et efficace. Lorsque les circonstances le conduisirent à se lier d'amitié avec plusieurs missionnaires brésiliens, il en conclut qu'il « ne suffit pas d'apporter une aide économique. Il faut partager la vie des pauvres, au moins autant que c'est possible. Il serait trop facile de rester ici à mener ma vie aisée et tranquille et de dire : "J'envoie là-bas le superflu." Je suis appelé à aller vivre avec eux ! »

Il partit donc vivre à Macapá, où il fonda et dirigea un hôpital « pour les plus pauvres d'entre les pauvres » ainsi qu'une léproserie, entièrement équipée, à Marituba. Il passa les dix-huit dernières années de sa vie au Brésil, en ouvrant de nombreuses œuvres : maisons de soins, écoles, villages, léproseries, couvents, séminaires, églises, maisons de bénévolat, et alla même jusqu'à Belo Horizonte, dans les favelas de Rio de Janeiro et jusqu'à la frontière avec la Bolivie.

Un ami qui le rejoignait de temps à autre dans ses missions a livré ce témoignage : « Candia était dynamique, sûr de lui, habitué à commander et à parler. C'était un homme généreux, bienfaisant, qui disposait de grands moyens, mais avec la conscience de les posséder et de savoir les utiliser… À chaque fois que je retournais en Amazonie, je le trouvais changé. Il s'était rendu compte qu'il avait besoin de tous pour réaliser ses aspirations. C'était un changement remarquable : d'homme au centre du monde, il devenait serviteur de tous… Il sentait vraiment qu'il était au service de ceux que Dieu lui faisait rencontrer… » Sur les murs de sa maison, au Brésil, il avait fait inscrire : « On ne peut pas partager le Pain du ciel si on ne partage pas le pain de la terre. »

X
MISÉRICORDE OU RÉVOLUTION ?

Saint Albert Chmielowski (1845-1916)

Le véritable nom d'Albert Chmielowski était Adam et, à Varsovie, il était connu comme un peintre génial et prometteur. Cependant, l'intense foi chrétienne qui l'habitait ne cessait de tourmenter son âme avec cette question : « Quel est le but de l'art ? Quel est le destin de l'artiste ? » Depuis longtemps, il se consacrait à la composition d'un *Ecce homo*, une toile qui lui semblait toujours inachevée, jusqu'à ce qu'il comprenne qu'il ne parviendrait jamais à créer le chef-d'œuvre dont il rêvait tant qu'il ne se serait pas d'abord occupé de restaurer chez les pauvres l'image du Christ souffrant. Aujourd'hui, cet *Ecce homo* est placé sur sa tombe.

Il revêtit une pauvre tunique et se fit appeler frère Albert. Il accueillit des indigents chez lui, puis décida de rendre visite aux clochards entassés dans les dortoirs publics de Cracovie, où personne n'osait jamais s'aventurer. Dès qu'il y entra, ils le menacèrent de mort. Albert Chmielowski comprit que cette misère était tellement excessive qu'elle ne pouvait être consolée et secourue qu'à une seule condition : « Il faut vivre avec eux ! On ne peut pas les laisser comme ça. »

Il vendit tous ses tableaux et alla vivre parmi eux, profitant de l'été, quand les dortoirs se vidaient, pour restaurer, rénover et embellir ces horribles refuges et les transformer en « maisons d'assistance ». Puis il se mit à mendier pour ces clochards.

« Regardez, c'est Adam Chmielowski – le célèbre peintre – qui est devenu père des pauvres ! » disaient les gens quand ils le voyaient déambuler sur les marchés, assis sur une énorme charrette qu'il avait fait construire exprès afin de demander des vivres pour ses pauvres : « Il demandait l'aumône avec humilité et avec un très doux sourire et il recevait des offrandes avec gratitude, presque avec les larmes aux yeux. On ne savait pas qui était le plus heureux de celui qui recevait ou de celui qui donnait. »

Il avait réuni autour de lui de nombreux collaborateurs et fondé une congrégation masculine et une autre féminine. Elles pratiquaient toutes deux la pauvreté absolue : ceux et celles qui demandaient à y entrer devaient d'abord donner tout ce qu'ils possédaient. Dans les rues de Cracovie, les gens disaient qu'un nouveau saint François était né. Lui expliquait simplement à ses collaborateurs : « Je regarde Jésus dans son Eucharistie, son amour pouvait-il accomplir quelque chose de plus beau ? S'il est pain, devenons pain nous aussi, en nous donnant nous-mêmes ! » Et il répétait inlassablement : « Nous devons être bons comme le pain ! »

L'histoire du frère Albert n'est pas différente de celles que nous avons racontées précédemment, mais elle mérite, toutefois, d'être considérée à part car elle eut un grand retentissement culturel. En effet, nous ne devons pas oublier que frère Albert accomplit ses œuvres précisément durant les années où la révolution communiste éclatait en Russie, et il lui arrivait souvent de penser que cette misère insoutenable des laissés-pour-compte laissait présager un incendie sur le point d'éclater et de détruire la société. Les actes du procès de canonisation de frère Albert nous fournissent une nouvelle extraordinaire : il semble qu'il eut l'occasion de rencontrer Lénine, alors en exil à Cracovie, et de débattre avec lui de cette question : « La force des pauvres réside-t-elle dans leur colère opportunément guidée et canalisée, ou se trouve-t-elle dans la charité, dans la solidarité et dans la redécouverte du radicalisme chrétien ? » Alors, faut-il choisir la miséricorde ou la révolution ?

C'est précisément à l'histoire du frère Albert Chmielowski qu'un jeune clerc, à peine ordonné prêtre et nommé Karol Wojtyła[1], né quatre ans après sa mort, voulut consacrer une œuvre théâtrale. La pièce, intitulée *Frère de notre Dieu*[2], écrite en 1949, raconte l'histoire d'Adam Chmielowski et de sa rencontre avec Lénine, désigné comme « l'Inconnu ».

Dans un premier temps, le peintre « charitable » subit l'accusation bouleversante que lui adresse « l'Inconnu » : la charité ne sert qu'à maintenir les pauvres gens dans l'indigence, en les laissant « doublement avilis ;

---

1. Karol Wojtyła, futur Jean Paul II (note du traducteur).
2. En français : *Frère de notre Dieu.* Le cinéaste Krzysztof Zanussi en a tiré un film, en 1997.

doublement : une fois par la misère et une autre par la charité ! – Ce n'est pas la bonne voie ! insiste le révolutionnaire. Cela ne renforce pas la colère collective, mais l'amoindrit et l'émousse. Tu trompes les gens ; ta charité ne sert qu'à dissiper la force du peuple. »

Puis il entre dans le refuge et harangue ainsi le peuple des clochards : « Ne restez pas là, à attendre la charité ! La charité vous humilie. Vous n'en avez pas besoin. Vous devez comprendre que tout, absolument tout, vous appartient. Non par grâce. La charité est une ombre derrière laquelle un riche mystérieux et incompréhensible cherche à cacher son vrai visage. Méfiez-vous des apôtres de la charité ! Ils sont vos ennemis. » Pendant ce temps, dans un coin, Adam murmure tout bas, mais continuellement, comme si son cœur se faisait l'écho de la misère des sentiments de ces miséreux : « Essaie de te mettre à notre place ! Essaie de te mettre à notre place ! » D'ailleurs, en effet, une voix s'élève du cœur de ces pauvres gens qui chassent l'orateur : « Tu es loin de nous et nous sommes loin de toi. » Et une autre voix insiste : « Tu vois, nous, nous ne savons qu'une chose : celui qui vit avec nous sait tout de nous. Les autres ne savent rien ! » À la fin, frère Albert explique à « l'Inconnu » où réside son irréparable erreur : « La misère de l'homme, est plus grande que tous les biens disponibles dont vous parlez. Plus grande que tous les biens que l'homme peut obtenir par la force de sa colère. » Puis il ajoute sublimement : « Je suis sûr, je le crois et je le sais, que l'homme doit obtenir tous les biens. Tous. Même les plus grands. Mais ici, désormais, la colère est trompeuse, c'est la charité qu'il faut ici ! »

Ce dialogue peut sembler n'être que le fruit d'une imagination artistique, sans grandes références historiques, mais la réalité est beaucoup plus profonde et complexe. En effet, tous ces mots ont été écrits par Karol Wojtyła, qui, étant jeune, avait imité le frère Albert, trouvant en son exemple la force de renoncer, lui aussi, à sa passion artistique pour le théâtre, afin de donner son âme, sur la voie du sacerdoce. Par la suite, une fois devenu le pape Jean Paul II, les réflexions sur la révolution de la charité – entamées durant ses jeunes années pour interpréter la mission du frère-peintre – allaient devenir magistère pontifical : des vérités proclamées à la face du monde, dans toutes les nations où les chrétiens étaient tentés de confier la libération des pauvres à la violence révolutionnaire. L'encyclique *Dives in misericordia*[1], que saint Jean Paul II a donnée à l'Église et au monde, sera un fruit mûr de cette intuition de jeunesse. Et, si frère Albert mourut précisément à la veille de cette révolution soviétique qui semblait donner raison à l'analyse sociale de Lénine, au point de marquer pendant des décennies l'histoire du monde, à la fin, son message triompha sur l'utopie marxiste-léniniste, grâce à l'œuvre et au magistère de Jean Paul II. Ce n'est donc pas un hasard si le pape décida de le canoniser en 1989, année qui marqua la fin du régime communiste.

1. Ci-après *DM*.

XI
UN « PÈRE » FORT ET MISÉRICORDIEUX

Bienheureux Titus Brandsma (1881-1942)

Tout le monde connaît la parabole, mille fois racontée et imitée dans l'histoire chrétienne, du père miséricordieux qui accueille le fils prodigue. Un exemple avéré dans l'histoire, où cette paternité se retrouve dans l'acte d'une « régénération » miséricordieuse de la créature perdue, qui se convertit précisément au moment où elle tue celui qui la régénère.

C'est l'histoire bouleversante du père Titus Brandsma[1], carme néerlandais, déporté et tué par les nazis au camp de Dachau. Il avait alors cinquante-neuf ans, et était professeur de

1. Pour toute la documentation, cf. F. Millán Romeral, *Il coraggio della verità. Il Beato Tito Brandsma*, Ancora, Milan, 2012.

philosophie et d'histoire de la mystique à l'université catholique de Nimègue, dont il avait été le recteur. Dès 1936, époque où les nouvelles n'étaient ni diffusées ni toujours confirmées, il avait collaboré à un livre évoquant le traitement des Juifs en Allemagne, dans lequel il écrivait notamment : « Ce qui est fait aujourd'hui contre les Juifs est un acte de lâcheté. Les ennemis et les adversaires de ce peuple sont véritablement mesquins, s'ils estiment devoir agir d'une manière aussi inhumaine et s'ils pensent manifester ou accroître ainsi la force du peuple allemand ; c'est l'illusion de la faiblesse ».

En Allemagne, les nazis réagirent en le qualifiant de « professeur malveillant. » Mais Brandsma, conscient de sa responsabilité d'éducateur, ne se rétracta pas. Durant l'année scolaire 1938-1939, il proposa à ses étudiants des cours sur les « funestes tendances » du national-socialisme, dans lesquels il abordait les thèses essentielles : la valeur et la dignité de tout individu sain ou malade, l'égalité et la bonté de chaque race, la valeur indestructible et primordiale des lois naturelles par rapport à toute idéologie, la présence et la conduite de Dieu dans l'histoire humaine contre tout messianisme politique et toute idolâtrie du pouvoir. Il savait que parmi ses auditeurs se trouvaient des espions du parti.

En 1941, éclata aux Pays-Bas la question de la publication dans les quotidiens catholiques des annonces du Mouvement national-socialiste néerlandais. La réaction du père Titus, à l'époque aumônier des journaux catholiques, ne se fit pas attendre et prit la forme d'une circulaire : « Les directions et les rédactions doivent savoir qu'elles devront formellement refuser ces communiqués si elles veulent conserver le caractère catholique de leurs journaux ; et cela, même si leur refus devait comporter des menaces pour le journal, des amendes, ou même une suspension temporaire ou définitive. Il n'y a rien à faire. Nous avons atteint les limites. Dans le cas contraire, ils ne devront plus être considérés comme catholiques… et ils ne devront ni ne pourront plus compter sur les lecteurs et sur les abonnés catholiques, et ils finiront dans le déshonneur. »

Quelques mois plus tard, le professeur Brandsma fut arrêté et déporté au camp de Dachau, où il fut soumis à la torture et à toute sorte de vexations. Quand il devint nécessaire de le transférer dans la section hospitalière du camp, son sort fut réglé. Ce qui advint, nous le savons aujourd'hui grâce à un témoin d'exception : celle qui le tua et qui se convertit par la suite, car le souvenir du père Titus ne l'avait pas abandonnée. Elle était infirmière, mais obéissait par peur de l'officier médecin. Elle raconta que le père Titus « figurait déjà sur la liste des morts lors de son arrivée à l'infirmerie » et décrivit les expériences que l'on faisait sur les malades, notamment sur le père Titus, et comment se gravèrent en elle, à son insu, les mots avec lesquels il supportait les mauvais traitements : « Père, non pas ma volonté, mais la tienne. » C'est elle enfin qui raconta comment les malades la détestèrent et l'insultèrent, avec les noms les plus infamants, haine qu'elle ne se gênait pas de leur vouer en retour, et comment elle avait été frappée par ce vieux prêtre qui, au contraire, la traitait avec délicatesse et le respect d'un père : « Une fois, il me prit la main et me dit : "Quelle pauvre fille tu es, je prierai pour toi !" »

Le prisonnier lui offrit son pauvre chapelet de cuir et de bois, et quand, irritée, elle lui dit que cet objet ne lui servait à rien puisqu'elle ne savait pas prier, le père Titus lui répondit : « Tu n'as pas besoin de dire le "Je vous salue Marie" tout entier, dis seulement : "Priez pour nous, pauvres pécheurs." » C'est à elle que, ce 26 juillet 1942, le médecin donna la seringue d'acide phénique pour qu'elle le lui injecte dans les veines. C'était un geste de routine, l'infirmière l'avait accompli des centaines et des centaines de fois, mais la pauvre se souviendrait ensuite « s'être sentie mal toute la journée ». Elle lui fit l'intraveineuse à deux heures moins dix et à deux heures le père Titus mourut : « J'étais présente quand il expira… Le docteur était assis près de son lit avec un stéthoscope pour sauver les apparences. Quand le cœur cessa de battre, il me dit : "Cette ordure est mort !" »

De ses bourreaux, le père Titus avait toujours dit : « Eux aussi sont des enfants du Bon Dieu et sans doute en reste-t-il encore quelque chose en eux… » Et Dieu lui concéda précisément ce dernier miracle. Le docteur du camp appelait avec sarcasme cette injection de poison « l'injection de grâce ». Or, pendant que l'infirmière l'effectuait, c'était l'intercession du père Titus qui répandait en elle la grâce de Dieu. La pauvre femme expliqua, lors des procès canoniques, que le visage du vieux prêtre était resté gravé dans sa mémoire pour toujours car elle y avait lu quelque chose qu'elle ne connaissait pas. Elle dit simplement : « Il avait pitié de moi. » Comme le Christ.

XII
UNE MÈRE MISÉRICORDIEUSE

Sainte Jeanne Beretta Molla (1922-1962)

À l'origine, dans la Bible, le terme de « miséricorde » indique l'attachement de la mère pour l'enfant qu'elle a porté en elle, et les exemples d'amour maternel indestructible sont innombrables. Mais la miséricorde se manifeste surtout quand il est demandé à la mère « davantage » d'amour, un amour souvent incompris des autres. Tel est le cas de sainte Jeanne Beretta Molla, une femme, épouse et mère, qui exerçait la profession de médecin et la vivait avec passion.

Dans son journal, elle avait d'ailleurs écrit : « Beauté de notre mission. Dans le monde, nous travaillons tous, en quelque sorte, au service des hommes. Nous, nous travaillons directement sur l'homme. Notre objet de science et de travail, c'est l'homme en face de nous qui nous dit : "Aide-moi !", et qui attend de nous la plénitude de son existence... Notre mission ne s'arrête pas quand les médicaments ne servent plus. Il nous faut aussi porter l'âme à Dieu. Car Jésus nous dit : "Quand tu rends visite à un malade, c'est à moi que tu rends visite." Mission sacerdotale : comme le prêtre peut toucher Jésus, ainsi nous, les médecins, nous touchons Jésus dans le corps de nos malades, de nos pauvres, de nos jeunes, de nos personnes âgées et de nos enfants. Que Jésus se fasse voir au milieu de nous. Qu'il trouve beaucoup de médecins qui s'offrent pour lui[1]. »

Or, si Jeanne parvenait réellement à « toucher Jésus » en soignant ses malades et en s'offrant pour eux, c'était parce que ce même « toucher » l'accompagnait continuellement en famille. Jeune fiancée, elle écrivait déjà à son Pierre des mots si intenses, sur le plan de sa vocation, qu'ils laissaient présager sa sainteté : « Pierre, si je pouvais te dire tout ce que j'éprouve pour toi ! Mais c'est

1. Pour toutes les citations originales en italien, cf. P. Molla et E. Guerriero, *La beata Gianna Beretta Molla nel ricordo del marito*, San Paolo, Cinisello Balsamo, 1995.

impossible. Imagine-le. Le Seigneur m'a vraiment aimée. Tu es l'homme que je désirais rencontrer, mais je t'avoue que parfois je me demande : "Serai-je digne de lui ?". Oui, de toi, Pierre, car je sens que je ne suis rien, si incapable de rien, que, même en désirant grandement te rendre heureux, je crains de ne pas y parvenir. Alors, je prie le Seigneur : "Seigneur, toi qui vois mes sentiments et ma bonne volonté, interviens et aide-moi à devenir une épouse et une mère comme tu veux que je sois et comme je pense que Pierre le désire." Est-ce que ça va comme ça, Pierre ? »

À l'approche du mariage, elle écrivit : « Avec l'aide et la bénédiction de Dieu, nous ferons tout pour que notre famille soit un petit cénacle, où Jésus règne sur toutes nos affections, nos désirs et nos actions. Mon Pierre, il ne manque plus que quelques jours et je me sens émue de recevoir le sacrement de l'Amour. Nous devenons des collaborateurs de Dieu dans la création, nous pouvons ainsi lui donner des enfants qui l'aiment et le servent. » Son mari se souviendra plus tard de la beauté de leur expérience conjugale, égayée par trois enfants : « À la maison, tu étais toujours active : je ne me souviens pas t'avoir vue une seule fois ne rien faire… Malgré les occupations familiales, tu as voulu poursuivre ta mission de médecin à Mesero, surtout en raison de l'affection et de la charité qui te liaient aux jeunes mamans, à tes "vieux", à tes "malades chroniques"... Tes intentions, tes actes étaient toujours cohérents avec ta foi, avec l'esprit de charité de ta jeunesse, avec la pleine confiance en la Providence et avec ton esprit d'humilité. En toute circonstance, tu te confiais et tu t'en remettais toujours à la volonté du Seigneur. Chaque jour, je m'en souviens, tu avais toujours ta prière et ta méditation, ton colloque avec Dieu, ton action de grâce pour le don de nos merveilleux enfants. Et tu étais tellement heureuse. »

Avant de parler du mystérieux drame d'amour maternel miséricordieux que vécut Jeanne, nous avons voulu souligner le fait que les chrétiens sont appelés à la sainteté, c'est-à-dire à faire en sorte que la miséricorde de Dieu imprègne les journées et la vie tout entière, sous tous ses aspects. Nous parlons de « miséricorde » du fait qu'elle est toujours présente, lorsque l'amour humain excède les mesures dictées par la norme, par les habitudes, par les convenances, par le mérite, au point que l'on vit continuellement en étant plongé dans l'océan de l'amour miséricordieux de Dieu. Sans tenir compte de cette divine immersion, on ne comprendrait pas correctement l'expérience de cette mère qui donna sa vie pour garantir celle qu'elle portait en son sein. C'est son mari qui expliqua, minutieusement, le sens du don fait par sa femme à toute la famille humaine : « Ce que Jeanne a fait, elle ne l'a pas fait "pour aller au Paradis". Elle l'a fait parce qu'elle se sentait maman… Pour comprendre sa décision, il ne faut pas oublier, tout d'abord, qu'elle était profondément persuadée, comme maman et comme médecin, que la créature qu'elle portait en elle était une créature complète, avec les mêmes droits que ses autres enfants, même si elle n'avait été conçue qu'à peine deux mois plus tôt. Un don de Dieu, auquel un respect sacré était dû. Il ne faut pas oublier, non plus, le grand amour qu'elle avait pour les enfants : elle les aimait plus qu'elle ne s'aimait elle-même. Enfin, il ne faut pas oublier sa confiance en la Providence. En effet, elle était convaincue, comme femme et comme mère, qu'elle était très utile à nos enfants et à moi-même, mais qu'à ce moment précis elle était *indispensable* à la petite créature qui grandissait en elle… »

Aussi, pleinement consciente que cette dernière grossesse pouvait lui coûter la vie, en raison d'un fibrome à l'utérus, Jeanne décida une « immolation méditée », comme la qualifia le bienheureux Paul VI.

À son mari et aux médecins, elle déclara avec force : « Ne me sauvez pas moi, mais l'enfant. » Pour bien comprendre la valeur de son choix, nous pouvons écouter la réflexion de son mari qui partageait, dans la même foi, la décision de son épouse, mais qui ne parvenait pas à y penser et à en parler. « Sa requête que soit "sauvée sa grossesse" me revenait sans cesse, avec insistance, témoignera-t-il par la suite, mais je n'osais pas aller au-delà par la pensée. Je n'osais pas en parler avec ma femme. Quelque temps plus tard : "Pierre, me dit-elle, j'ai besoin que toi, qui as toujours été si aimant avec moi, tu le sois encore plus en cette période, car ce sont des mois un peu terribles pour moi." Je continuais à la voir tranquille. Elle s'occupait de nos enfants et de ses malades avec son affection habituelle. Puis, un jour, je me suis aperçu qu'elle mettait la maison en ordre avec un soin particulier. Elle mettait de l'ordre dans les tiroirs, dans les armoires… comme si elle devait partir pour un long voyage… »

Certes, Jeanne aussi vivait des angoisses. Elle l'avoua à sa sœur sur son lit de mort : « Si tu savais comme on souffre, quand on laisse de tout petits enfants ! »

Qu'est-ce qui la poussait donc à faire ce choix ? La conscience claire, sans aucune ombre, de devoir obéir à ce Dieu qui dit : « Tu ne tueras point ! » Elle l'avait dit elle-même, comme médecin, à une jeune fille qui lui demandait de la faire avorter : « On ne plaisante pas avec les enfants ! » Mais cette obéissance naissait d'une persuasion évidente pour elle : on ne peut pas s'occuper de trois enfants en en sacrifiant un autre.

Finalement, nous en venons à la parole décisive, cette parole aussi vieille que la lumière que nous regardons, quand l'existence semble devenir sombre et difficile à déchiffrer : la Providence de Dieu. Sans la Providence divine, la créature doit agir, faire ses calculs, et même tuer, en étant convaincue d'améliorer sa vie et celle des autres. Mais avec l'humble, simple et très ancienne foi en la Providence – celle à laquelle le Christ a donné un visage filial et paternel –, alors la raison de l'homme continue à percevoir ses évidences ; « une réaction raisonnée », comme l'a courageusement écrit son mari. L'évidence était qu'elle était *nécessaire* à ses autres enfants, mais qu'elle était *indispensable* à celui qu'elle portait en elle. Sans elle, Dieu pouvait pourvoir aux autres enfants, mais Dieu lui-même ne pouvait pourvoir à celui qu'elle portait en son sein, si elle le refusait. Par conséquent, au fur et à mesure des mois qui s'écoulaient, non seulement sa souffrance augmentait, mais aussi sa tendresse envers le petit qui grandissait en elle.

Revenons au douloureux récit de son mari : « Un mois et demi avant la naissance de notre enfant, une chose m'a bouleversé. Je devais sortir pour aller à l'usine et j'avais enfilé mon manteau. Jeanne, il me semble encore la voir, était appuyée au meuble de l'antichambre de notre maison. Elle s'est approchée de moi. Elle ne m'a pas dit : “Asseyons-nous”, “Attends un instant”, “Parlons”. Non. Elle s'est approchée de moi, comme cela arrive quand on a des choses difficiles à dire, qui nous pèsent, mais sur lesquelles on a beaucoup réfléchi, et sur lesquelles on ne veut plus revenir. “Pierre, m'a-t-elle dit, je t'en prie…, si tu dois décider entre moi et l'enfant, choisis l'enfant, pas moi. Je te le demande.” » Elle lui redira encore une fois, peu avant l'accouchement. De même, lors d'une discussion avec une amie : « Je pars à l'hôpital, mais je ne suis pas sûre de revenir. Ma maternité est difficile ; ils devront sauver l'une ou l'autre ; je veux que mon enfant vive. – Mais tu as trois autres enfants, pense plutôt à vivre ! – Non, non… Je veux que mon enfant vive. »

Elle avait dit à une autre amie, un jour chez le coiffeur : « Prie, prie toi aussi ! Pendant cette grossesse difficile, j'ai beaucoup réfléchi et prié pour ma nouvelle créature… Prie pour que je sois prête à faire la volonté de Dieu ! » Et Dieu voulut que sa Passion commençât précisément le vendredi saint 1962. Une sœur de l'hôpital raconta plus tard : « Je l'ai rencontrée alors qu'elle montait les escaliers pour être admise dans le service. Elle me dit : "Petite sœur, me voici, je suis ici pour mourir", mais elle avait un regard bon et serein. Puis elle ajouta : "L'important, c'est que l'enfant aille bien, pour moi ça ne fait rien !" »

Le terrible accouchement dura toute la nuit ; et l'enfant naquit à onze heures, le samedi saint. Quand Jeanne se réveilla de l'anesthésie, on lui apporta la petite : « Elle l'a regardée longuement, en silence. Elle l'a prise contre elle avec une tendresse indicible. Elle l'a caressée légèrement sans dire un mot », raconta ensuite son mari. Elle mourut une semaine après, d'une péritonite sceptique, sans qu'il fût possible de faire quoi que ce soit pour la sauver. Dans la chapelle mortuaire où son corps avait été déposé, son mari voulut faire recouvrir le mur du fond d'une mosaïque dorée : elle représente Jeanne offrant sa fillette à Notre-Dame de Lourdes, avec l'inscription latine, tirée du livre de l'Apocalypse, qui dit : « Sois fidèle jusqu'à la mort ! » (Ap 2, 10.) La fidélité de Jeanne Beretta Molla fut réellement une *fidélité miséricordieuse* qui, pour reprendre la belle expression du prophète Isaïe (Is 49, 15), peut être résumée ainsi : ce fut une mère qui préféra s'oublier elle-même plutôt que d'oublier – ne serait-ce qu'un instant – la créature qu'elle fût en elle et qu'elle seule pouvait sauver.

XIII
UNE ÉPOUSE TOUTE MISÉRICORDIEUSE

Bienheureuse Élisabeth Canori Mora
(1774-1825)

On parle beaucoup, aujourd'hui, de la miséricorde dont auraient besoin de nombreuses familles blessées et de nombreux époux, submergés par les problèmes et les conflits qu'ils ne parviennent plus à supporter. Mais peut-être faudrait-il parler, avant tout, de la miséricorde que les époux en crise pourraient humblement exercer, dès que la famille commence à vaciller. Parfois, il suffirait simplement de la miséricorde patiemment exercée par un seul membre, capable d'espérer et d'aimer avec espérance, pour la sauver.

Telle fut l'histoire d'Élisabeth Canori Mora[1], que Jean Paul II a voulu béatifier en 1994, année internationale de la famille, en même temps que Jeanne Beretta Molla. Il les qualifia toutes deux de « femmes à l'amour héroïque ». Le mariage d'Élisabeth, issue d'une noble famille romaine, avec le jeune et riche avocat Christophe Mora, semblait, au début, être l'accomplissement d'un conte de fées. Lui se disait subjugué par sa beauté et jurait qu'il ne chercherait jamais, ô grand jamais, une autre femme si elle daignait l'épouser. Il s'inquiétait à la pensée que quelque chose pût l'offusquer : son épouse ne devait ni travailler ni rien faire qui pût la fatiguer. Il ne voulait même pas qu'elle cousît ou brodât, car cela lui aurait durci les doigts. Il était également d'une jalousie excessive, au point d'empêcher les contacts entre sa femme et sa famille.

Mais, au bout de quelques mois, cette jalousie obsessionnelle fit place à une froideur glaciale : il devint toujours plus distrait, absent. Il se mit à déserter la maison, à passer ses nuits ailleurs, jusqu'à ce que la rumeur qu'il s'était lié à une femme de basse condition

1. Sur toute cette histoire, cf. P. Redi, *Elisabetta Canori Mora. Un amore fedele tra le mura di casa*, Città Nuova, Rome, 1994.

qui le saignait à blanc, devienne publique. L'argent ne semblait jamais suffire au jeune avocat et ses pertes au jeu se multipliaient. Jusqu'au jour où il se retrouva sur la paille. Pour payer les dettes de Christophe, Élisabeth en vint à vendre tous ses bijoux, mais ce qu'elle en tirait semblait tomber dans un puits sans fond. Dans l'impossibilité de conserver le train de vie auquel ils étaient habitués, ils durent aller vivre dans un petit appartement proche de la demeure des parents de Christophe. Au milieu du désintéressement le plus total de son mari et toujours plus seule, Élisabeth devait subvenir aux besoins de la famille et des enfants par le travail de ses mains. De plus, elle était tourmentée par d'indicibles douleurs d'estomac. C'est ici que commença sa splendide aventure mystique.

On pourrait faire une lecture facile, banale même, de cette histoire, qui ne nous interpellerait pas plus que cela : une femme trompée par son mari, devenant incapable d'élever ses enfants, qui tombe gravement malade, privée d'affection, et qui sublime ses angoisses en se construisant un monde affectif spirituel, intense mais fictif. En revanche, pour les croyants, il existe une explication plus simple et lumineuse.

Le mariage chrétien, avec toute sa charge de dons et de grâces, est un sacrement, c'est-à-dire un moyen, le signe d'une réalité plus grande et plus profonde. La réalité qui l'habite est celle de l'amour de Jésus, aimant et aimé, qui enveloppe les deux époux. Si l'un d'eux faillit, pourquoi nier que Jésus puisse décider de montrer, par son intervention, la réalité des *noces sacrées* ?

C'est ce qui arriva à Élisabeth : elle avait accueilli son époux sacramentellement, c'est-à-dire comme signe, et celui-ci l'avait ensuite reniée et trompée. Alors, le véritable Époux, l'Unique, décida d'occuper la place qui lui revenait et il décida de le faire de façon *sensible*, à travers certaines manifestations extraordinaires de sa présence. Mais que l'on y prenne bien garde : certaines expériences mystiques, vécues par les saints sont, certes, uniques et extraordinaires, mais, comme le dit le *Catéchisme de l'Église Catholique*[1], Dieu les accorde « à certains en vue de manifester le don gratuit fait à tous » (*CEC*, 2014). Ce don gratuit, c'est la grâce ordinaire qui est accordée à tous, dans tous les mariages sacramentaux. Chaque époux chrétien doit, en effet, tôt ou tard – en

1. Ci-après *CEC*.

partie dans la souffrance, en partie dans la joie – apprendre la distance qui existe en amour entre la créature et le Créateur.

La vie mystique d'Élisabeth fut donc riche en prières, en visions et en irrésistibles transports amoureux : elle vivait ses journées en union totale avec le Seigneur, à partir du matin tôt, lorsqu'elle se rendait à la messe. Elle recevait chaque jour la communion. Le reste du temps, elle se consacrait à ses filles, aux travaux domestiques et à la prière. Elle ne voyait pratiquement plus Christophe ; il rentrait au cœur de la nuit, et Élisabeth était toujours là à l'attendre : elle avait décidé de ne jamais se disputer avec lui, mais de ne lui adresser que de bonnes paroles et de l'exhorter à changer de vie. Dans le temps libre qui lui restait, elle se dédiait aux traditionnelles œuvres de miséricorde : avec l'autorisation de sa belle-mère, la seule personne qui la comprenait et la soutenait, elle recueillait la nourriture en surplus dans les cuisines et allait rendre visite aux malades dans les hôpitaux, sans rechigner devant les tâches les plus humbles et les plus répugnantes.

Dénoncé pour son comportement immoral par ses sœurs, qui ne voulaient pas perdre l'héritage familial qu'il dilapidait, Christophe risqua la prison et ne parvint à l'éviter qu'en promettant de se racheter. Il rentra chez lui, encore plus furieux, et tenta même de tuer son épouse. Il raconta, par la suite, que chaque fois, il sentait une force supérieure qui arrêtait son bras. Tout le monde conseillait à Élisabeth de quitter la maison et de se cacher en lieu sûr, mais elle ne voulait pas. Sa famille elle-même ne parvenait pas à comprendre comment elle faisait pour rester seule, la nuit, avec un mari qui menaçait de la tuer. Sur ce point, Élisabeth avait interrogé son Seigneur Jésus et avait obtenu cette réponse : « Je ne dois pas abandonner ces trois âmes, à savoir mes deux filles et mon époux, alors qu'il voulait les sauver par mon intermédiaire. » Son confesseur aussi, étant donné le risque qu'elle courait, lui suggéra de se séparer de son mari, mais elle lui répondit : « Je place le salut de ces trois âmes avant mon profit spirituel. » Elle le tranquillisa en lui racontant qu'elle s'endormait en priant comme une enfant : « Mon esprit reposait doucement dans les bras du Seigneur et un rayon de lumière m'entourait et rendait sûr mon repos. »

Le plus incroyable, dans ce récit, n'est pas tant l'évocation du rayon de lumière qui la protégeait que ces deux âmes vivant un contact conjugal aussi étroit : l'une plongée dans les ténèbres menaçantes du vice et l'autre immergée dans la lumière protectrice de son amitié sponsale avec le Christ. Or, il ne s'agit pas de deux histoires qui s'opposent et s'éliminent, mais d'une mystérieuse conjonction. Ainsi, la vie d'Élisabeth se déroulait dans une relative sérénité – entre le travail, la prière et ses filles – toute tissée de moments de grâce où Jésus lui illustrait, par des visions symboliques, les plus belles vérités de la foi. Et quand, ses filles grandissant, leur éducation et leur comportement commencèrent à lui donner quelques préoccupations, Jésus lui dit : « Ne crains pas, à partir d'aujourd'hui je veillerai en personne à leur servir de père et de maître de maison ; dorénavant, tu auras non seulement le nécessaire pour toi et ta famille, mais aussi la surabondance. » Par un extraordinaire concours de circonstances, cette maison qui n'avait pas pu devenir une « église domestique », à cause des absences d'un mari coureur de jupons et dépensier, devint une « véritable Église », par l'intervention de l'Époux céleste qui avait décidé de remplacer personnellement le conjoint défaillant. Et les miracles y étaient nombreux.

Entre-temps, Élisabeth s'était inscrite au tiers ordre des trinitaires – un ordre religieux ancien, fondé pour la libération des chrétiens réduits en esclavage – et elle tirait de sa spiritualité une passion croissante pour les pauvres et les malheureux. Le salut de tous était devenu sa préoccupation majeure, et c'est pourquoi elle demandait, avec toujours plus d'insistance, le salut de son mari, qui continuait à vivre avec sa maîtresse. Un jour que ses filles, exaspérées, souhaitaient un châtiment divin à cette femme qui leur avait pris leur père, Élisabeth intervint énergiquement en leur expliquant qu'elle « priait toujours le Seigneur en lui disant qu'elle désirait avoir à ses côtés au paradis cette femme qui avait envoûté son mari et provoqué tant de dégâts ». À son mari, par contre, elle adressait un étrange vœu et lui disait : « La nuit de Noël viendra pour toi aussi », comme si la faute de ce pauvre homme était de n'avoir pas été enveloppé par la tendresse de l'Incarnation. Depuis plus d'un an, elle avait prévu le jour exact de sa propre mort ; Dieu la lui avait fait goûter par avance grâce à une vision et elle l'avait racontée ainsi : « Il me semblait expirer entre les bras de Jésus et de Marie, en jouissant d'un paradis de bonheur. » Quand le jour fatidique approcha, elle dit à ses filles : « Je vous laisse pour aller chez votre père, Jésus le Nazaréen » puis elle leur recommanda de toujours respecter leur père et de toujours l'aider.

Elle mourut à la date prévue, vers deux heures du matin. Elle venait d'avoir cinquante ans. Quand Christophe revint à la maison, vers quatre heures du matin, il n'arrivait pas à croire qu'Élisabeth était morte. Il resta là, appuyé contre un mur, à sangloter, stupéfié. À partir de ce jour-là, il ne fut plus le même. Il n'avait rien dit à personne mais, peu de temps avant la mort d'Élisabeth, sa maîtresse aussi était morte dans ses bras. Il avait changé : il montrait, finalement, de l'intérêt pour tout ce qu'il avait jusqu'alors méprisé. Il ne soignait plus son élégance ni son habillement, il passait de longues heures à l'église et ne cessait de faire tourner son vieux chapeau entre ses mains, en pleurant. On peut dire qu'il priait avec son chapeau, qui lui recouvrait le visage. Le fait est qu'au fond de son chapeau, il avait collé un portrait d'Elisabeth et ne cessait de le regarder et de pleurer. Il disait qu'il « l'avait rendue sainte à cause de ses mauvais agissements ».

Neuf ans après la mort d'Élisabeth, une nouvelle se répandit dans Rome : dans l'ordre des frères mineurs conventuels, un certain père Antoine célébrait sa première messe. Fait peu ordinaire, il avait été ordonné à l'âge de soixante-et-un ans, après avoir effectué, à cet âge vénérable, toutes ses études de théologie. Le nom d'Antoine était celui qu'il avait pris en religion, mais dans le monde il était jadis connu sous le nom de Christophe Mora. Selon la promesse d'Élisabeth, il avait finalement, lui aussi, eu « sa nuit de Noël ». Et lui aussi allait mourir, après onze années de remords, de prières et de pénitences passées au couvent, en odeur de sainteté.

Résumons, maintenant, l'enseignement que nous pouvons retirer de ce récit. La miséricorde dont la famille a besoin est avant tout de comprendre que *dans un mariage chrétien tout est sacrement* : l'amour que les deux conjoints parviennent à se communiquer est la partie belle du sacrement (du « signe sacré ») ; l'amour qu'un conjoint ne veut pas ou ne parvient pas à donner (avec la peine qui s'ensuit) doit devenir la partie virginale du sacrement (du « signe sacré »), celle qui renvoie directement au Christ et qui invoque directement sa présence. Même si un seul des époux en prend conscience, la vie se remplit de Miséricorde et peut se remplir de miracles.

XIV
UNE FILLE MISÉRICORDIEUSE

Bienheureuse Laura Vicuña (1891-1904)

Il existe une « miséricorde » toute particulière que seuls « les petits saints » peuvent exercer envers les adultes : la miséricorde envers leurs parents ! La petite Laura Vicuña[1] – sainte à l'âge de douze ans – en est une affectueuse démonstration.

Elle naquit à Santiago du Chili, mais sa famille, persécutée pour raisons politiques, fut contrainte de fuir à la frontière avec l'Argentine. À la mort prématurée de son père, sa mère fut privée de tout soutien, sur une terre hostile, et finit par s'en remettre à un riche propriétaire terrien, don Manuel Mora, connu

1. Pour l'ensemble de la documentation, cf. M. Fagiolo D'Attilia, *Laurita delle Ande*, Paoline, Milan, 2004.

pour être violent et querelleur, s'adonnant au jeu et fier d'exhiber devant ses amis ses chevaux et des femmes. On l'appelait *el gaucho malo* car il traitait les bêtes et les femmes comme ses esclaves. Il avait chassé de chez lui sa dernière maîtresse après l'avoir marquée au fer rouge, comme il avait coutume de le faire pour les bêtes : « Comme cela, tout le monde saura que tu es à moi ! » lui avait-il hurlé en la chassant. Il avait jeté son dévolu sur dame Mercedes, d'allure encore jeune et, certes, plus raffinée que les femmes qu'il avait coutume de rencontrer.

Il lui offrit donc l'hospitalité dans son *estancia*, et la malheureuse accepta, en partie pour garantir le logement et l'éducation à ses fillettes, et en partie parce qu'elle avait été subjuguée par le charme pervers de cet aventurier. Ils s'accordèrent pour mettre les deux fillettes, encore trop petites, au collège des salésiennes, et don Manuel accepta volontiers de payer les trente *pesos* annuels – une somme ridicule pour lui, étant donné qu'il en laissait souvent autant sur les tables de jeu –, pourvu qu'il pût garder la femme chez lui. Au collège, Laura grandissait bien ; elle était bonne et studieuse, révélant un caractère à la fois fort et doux. Elle savait se taire quand c'était nécessaire et savait volontiers obéir, être disponible et généreuse avec ses compagnes, de même qu'elle pardonnait facilement.

En revanche, sa croissance intérieure fut particulièrement douloureuse quand elle commença à comprendre la situation de sa pauvre mère. Un jour où les sœurs parlaient aux enfants de la beauté du mariage chrétien, les yeux de l'esprit et du cœur de Laura s'ouvrirent : elle comprit dans quel désastre sa mère s'était précipitée, se perdant elle-même pour tenter d'assurer le bien-être terrestre de ses filles. La douleur de la fillette fut telle qu'elle s'évanouit en classe. D'un coup, elle avait compris d'où venait l'argent qui servait à payer la pension, de qui venaient les nombreux cadeaux que sa mère lui apportait, surtout des parfums et des objets de toilette, que Laura distribuait toujours à ses camarades, et l'élégance de sa mère quand elle venait au collège avec ses foulards en soie. Lors des premières vacances d'été, qui, en Argentine, commençaient le 1er janvier, Laura dut revenir à la ferme, et ce qu'elle comprit ne fit que la tourmenter davantage : elle ressentait combien cette grande et riche demeure lui semblait étrangère et lui faisait peur. Elle comprit aussi pourquoi la prière n'y était pas bien vue et pourquoi sa mère leur recommandait, à elle et à sa sœur, de ne pas être vues de don Manuel Mora quand elles priaient. Elle comprit ce qu'il entendait quand il hurlait qu'il « ne voulait pas de petites saintes chez lui ! » et pourquoi sa mère ne voulait plus prier avec ses filles, presque comme si elle avait honte d'être devenue la maîtresse d'un aventurier.

Quand Laura put finalement retourner « dans son paradis », ce pauvre petit collège, les sœurs se rendirent compte qu'elle gardait en elle une peine que rien ni personne ne parvenait à guérir. Mais elle avait aussi un objectif à atteindre, vers lequel elle canalisait toute son espérance enfantine. C'était une espérance si « intense » que les sœurs lui permirent d'avancer le jour de sa première communion, alors même qu'elle n'avait que dix ans. Par la suite, elles racontèrent ceci : « Quand la fillette apprit cette belle nouvelle qu'elle avait tant désirée, son visage s'assombrit et elle se mit à pleurer. "Tu pleures, Laura ? lui demanda affectueusement la directrice. Tu n'es pas contente ? – Oh, si, je suis contente, balbutia l'enfant en essuyant les grosses larmes qui coulaient sur ses joues, mais je pense à ma maman. Pauvre maman !" » Elle s'était aperçue que dame Mercedes ne côtoyait plus les sacrements et qu'avait anticipé le déchirement qui allait marquer ce grand jour, car sa mère ne pourrait pas communier avec elle ! Ainsi, la petite fille rencontra Jésus pour la première fois, tandis que sa mère se tenait à l'écart, souffrant, la tête baissée, avec une étrange intensité dans les yeux et le cœur. À partir de ce jour-là, en simple élève bonne et docile, Laura devint une fillette en quête de sainteté. Elle semblait avoir l'intuition que des épreuves plus décisives encore allaient se produire.

À la fin de l'année 1901, arrivèrent « les terribles vacances » qu'elle devait passer en famille, comme c'était l'usage. La situation de dame Mercedes était devenue encore plus précaire : non seulement don Manuel n'avait aucune intention de l'épouser, mais souvent il la maltraitait pour lui rappeler qu'elle n'était qu'une servante, et on murmurait déjà qu'il ne payait les pensions du collège de ses filles que pour se préparer une nouvelle maîtresse, plus jeune qu'elle. Laura avait grandi et était devenue belle, bien que n'ayant pas encore fêté ses onze ans ; et le maître de maison était pressé. Il commença à chercher tous les prétextes pour demeurer seul avec la jeune fille. Quand arriva le temps de la grande fête, à l'occasion de la tonte du troupeau et du marquage au fer rouge des nouvelles bêtes, don Manuel voulut danser avec Laura, en comptant sur la naïveté de la jeune fille et sur ses talents de séducteur. Or, il reçut plusieurs refus au cours de la soirée. Irrité, il exigea de dame Mercedes qu'elle contraignît sa fille à céder. N'obtenant rien, il ordonna qu'on attachât la mère au poteau où il avait l'habitude d'attacher sa jument et se mit à la fouetter. Pour Laura, ce fut un véritable choc de voir jusqu'à quel point sa mère était devenue esclave. Il s'en prit aussi à la fillette et la jeta violemment hors de la maison, dans le froid glacial de la nuit andine. Elle passa la nuit dehors, réfugiée dans la niche du chien, l'âme remplie d'horreur. Une fois revenue au collège, en tant que pauvre car le maître refusait désormais de payer la pension, Laura décida littéralement de donner sa vie, avec cette logique si poignante que seuls les enfants possèdent parfois, si bien que seul Dieu peut la comprendre.

Ce fut en avril 1902, environ deux mois après la « terrible nuit » que nous venons de raconter. À l'église, le prêtre lisait la parabole du bon berger, et Laura avait écouté attentivement les paroles de Jésus : « Le bon berger donne sa vie pour ses brebis ! » Certes, elle ne pensa pas être le berger miséricordieux, ni que sa mère fût sa brebis perdue, mais sa conclusion logique fut tout aussi inexorable : il lui revenait de donner sa vie pour sa mère. Elle courut chez son confesseur pour demander l'autorisation d'offrir sa vie au Sacré Cœur pour elle : l'ayant obtenue, elle se jeta au pied du tabernacle et fit son offrande. Elle continua ensuite à vivre en paix, tout en restant attentive à offrir à Jésus et à Marie toute la tendresse dont elle était capable : beaucoup d'attention et d'amour pour les plus petites des collégiennes qu'elle assistait, beaucoup d'obéissance aux maîtresses et d'humilité envers tous.

La directrice de l'école révéla par la suite que la fillette avait vécu intérieurement une véritable vie mystique. Dans les procès canoniques, elle rapporta les « expressions ingénues » de Laura : « Il me semble que Dieu lui-même me conserve le souvenir de sa Divine Présence, car quoi que je fasse et où que je me trouve, je sens qu'il me suit comme un bon père, il m'aide et me console. » Et cette expression, rapportée par son confesseur, ne semble pas celle d'une enfant de dix ans : « Pour moi, prier ou travailler, c'est la même chose ; c'est pareil : travailler ou jouer, prier ou dormir. En faisant ce qu'on me commande, je fais ce que Dieu veut que je fasse et c'est cela que je veux faire ; c'est ma meilleure prière. » Le 24 mai 1903, fête du couronnement de Marie auxiliatrice, les fillettes jouèrent une petite représentation théâtrale, et Laura, qui devait lire un court texte de sa composition – ce qui émut l'assistance –, fut placée tout près de la Vierge. Sa mère assistait à la représentation religieuse. Après avoir quitté la scène, la fillette confia à sa maîtresse : « Pendant que ma tête reposait dans la main de ma Mère céleste, j'ai renouvelé avec plus de ferveur encore l'offrande de ma vie. Je l'ai fait en regardant ma pauvre maman, qui était devant moi. Je vais être exaucée, mon cœur me le dit. »

Le 16 juillet – l'hiver était particulièrement froid et pluvieux –, le collège connut une terrible inondation, et les fillettes durent être mises à l'abri sur un radeau de fortune. Laura, dont la santé avait commencé à décliner, sortit de cette triste aventure avec une douleur dans la poitrine qui se faisait toujours plus insistante. Son état empirait inexorablement, mais elle surprenait tout le monde par sa sérénité. Quand quelqu'un lui posait des questions, elle répondait invariablement : « Je vais un peu mieux, merci ! » ; mais sa plus fervente prière était toujours la même : « Vierge du Carmel, emmène-moi au Ciel ! » Elle semblait attendre l'accomplissement d'une promesse. En raison de son état de santé préoccupant, il fallut la ramener à la ferme, où don Manuel Mora l'accueillit froidement, avec ironie. Au bout de quelques mois, l'état de Laura avait tellement empiré que dame Mercedes, pour éloigner la fillette de cette odieuse ferme, décida de louer une pauvre masure, faite de paille et de boue, non loin de son cher collège. Ainsi, Laura put recommencer à aller à l'école de façon sporadique, le minimum pour terminer l'année et renouer avec ses amies les plus chères. Manuel Mora laissa faire. Mais la tempête se déchaîna en janvier 1904, avec le début des vacances scolaires. Il débarqua comme une furie dans la masure pour emmener « ses femmes », en exigeant de passer la nuit là. Laura, qui avait un peu de fièvre, se leva de son pauvre lit, toute grelottante dans sa chemise de nuit, et déclara intrépide : « S'il reste là, moi je vais dans mon collège. » Et elle se mit péniblement en chemin. On vit alors le maître prétentieux se déchaîner sur la pauvre enfant sans défense, la traîner par les cheveux, et la couvrir d'insultes et de coups violents. Il fallut l'intervention des gens du village pour la lui arracher des mains. Mais pour Laura, ce fut le coup de grâce. Tous comprirent que c'était désormais une question de jours.

Le 22 janvier, elle reçut l'extrême-onction. Puis elle demanda à parler en secret pour la dernière fois à son confesseur : elle avait une autorisation spéciale à lui demander. Ce fut en présence du prêtre que la petite se décida à révéler à sa mère son douloureux secret : « Maman, lui dit-elle, je meurs. Je l'ai demandé moi-même à Jésus… Il y a presque deux ans que je lui ai offert ma vie pour toi, pour ta conversion, pour que tu reviennes à lui. Ne me donneras-tu pas la joie de te voir repentie avant de mourir ? » Pendant ce temps, sa mère s'était mise à genoux à côté du lit de l'enfant. Cette révélation l'avait blessée jusqu'au fond de son âme, même si elle l'avait devinée depuis longtemps déjà. Elle n'eut que la force de lui dire : « Je te jure que je ferai tout ce que tu me demandes… Je suis repentie et Dieu est témoin de ma promesse. » Elle la maintint, en effet, en résistant pendant des années à toutes les pressions et à toutes les persécutions de Manuel Mora, et en se rebâtissant, peu à peu, un existence digne.

Au son de l'angélus, le soir du 22 janvier 1904, Laura, consciente d'avoir accompli sa mission, après avoir embrassé et embrassé encore son crucifix, expira en disant : « Merci Jésus, merci Marie ! Je meurs contente. » Ses compagnes accoururent. Les gens du village aussi. Tout le monde disait : « La petite sainte est morte ! » Lors de ses funérailles, ils virent sa maman, repentie et tremblante, qui venait communier. Ceux qui connaissaient toutes les mésaventures par lesquelles la petite était passée invoquaient « Laura, vierge et martyre », et ils comprirent, quand sa mère – se souvenant de ce que la fillette avait dû subir – approuva, en sanglots : « Oui, vierge. Et martyre pour moi. »

XV
MARIE, MÈRE DE MISÉRICORDE

La Miséricorde est « l'attribut le plus admirable du Créateur et du Rédempteur », a écrit Jean Paul II dans sa splendide encyclique *Dives in misericordia* (*DM,* 13), et personne sur la terre n'en a fait une expérience aussi radicale et bouleversante que la Très Sainte Vierge Marie.

L'Ancien Testament, lorsqu'il employait ce terme si « maternel », se référait toujours à la tendresse viscérale de Dieu pour ses créatures, mais n'avait jamais osé dire qu'une créature humaine pouvait, elle aussi, « avoir la miséricorde de Dieu ». Ce retournement advint lors de l'Incarnation, quand la miséricorde de Dieu envers l'homme se manifesta par la concession faite à une créature humaine de lui servir de mère donc d'éprouver pour lui, au sens physique du terme, un attrait viscéral,

« miséricordieux » au sens propre. Mais cela n'aurait pas été possible si Dieu n'avait pas déjà été également depuis toujours, en lui-même, le « Fils ». Dieu n'aurait pas pu recevoir, sur terre, cette miséricorde maternelle si, depuis toute éternité, la personne divine du Fils n'avait pas existé. Ainsi, dans l'icône parentale de la Mère – qui peut d'une façon inimaginable serrer dans ses bras le Fils devenu Fils de l'homme – se révéla le « mystère caché depuis les siècles » : le Père, riche en Miséricorde, envoyait son propre Fils au sein de la création qu'il avait faite pour lui et en lui. Comme l'écrit le pape François dans la bulle d'indiction *Misericordiae Vultus* : « Choisie pour être la Mère du Fils de Dieu, Marie fut préparée depuis toujours par l'amour du Père pour être l'Arche de l'Alliance entre Dieu et les hommes. Elle a gardé dans son cœur la Divine Miséricorde en parfaite syntonie avec son Fils Jésus. » (*MV*, 24.)

Ainsi, « Mère de la Miséricorde » signifie exactement qu'elle connaît, comme aucune autre, humainement et viscéralement, le mystère de la « filialité de Dieu » et des « entrailles du Père » qui contient aussi la promesse qui nous a été faite de tous devenir

« fils dans le Fils ». À Noël, donc, Marie tint entre ses bras la miséricorde de Dieu, même si celle-ci ne lui serait pleinement révélée que dans le mystère pascal. Rappelons la belle méditation de Jean Paul II dans *Dives in misericordia* : « Marie est aussi celle qui, d'une manière particulière et exceptionnelle – plus qu'aucune autre –, a expérimenté la Miséricorde, et en même temps – toujours d'une manière exceptionnelle – a rendu possible, par le sacrifice du cœur, sa propre participation à la révélation de la Miséricorde divine. Ce sacrifice est étroitement lié à la croix de son Fils, au pied de laquelle elle devait se trouver sur le calvaire. Le sacrifice de Marie est une participation spécifique à la révélation de la Miséricorde, c'est-à-dire de la fidélité absolue de Dieu à son amour… qui s'est accomplie définitivement à travers la Croix. Personne n'a expérimenté autant que la Mère du Crucifié le mystère de la Croix, la rencontre bouleversante de la justice divine transcendante avec l'amour : ce « baiser » donné par la miséricorde à la justice. Personne autant qu'elle, Marie, n'a accueilli aussi profondément dans son cœur ce mystère : mystère divin de la rédemption, qui se réalisa sur le calvaire par la mort de son Fils, accompagnée du sacrifice de son cœur de mère, de son *fiat* définitif. » (*DM*, 9.)

Mais comment s'associèrent en elle les deux *fiat*, les deux expériences de Miséricorde, celle de Noël et celle de Pâques ? Contemplons-la sur le calvaire, debout, au pied de la croix sur laquelle ils ont cloué son fils : les disciples avaient fui, et seules quelques femmes fidèles et aimantes étaient restées avec elle sur le calvaire, ainsi que Jean, le disciple bien-aimé de Jésus. Certes, Marie aussi fut enveloppée par les ténèbres qui assombrissaient le monde : les atroces tortures de son Fils lui fendaient le cœur, mais son âme était blessée par l'inexplicable silence du Ciel. Elle connaissait le mystère de la conception de Jésus ; elle savait qu'il avait le droit d'appeler Dieu son Père, elle savait qu'un règne sans fin lui avait été promis. Mais là, sur la croix, le Fils semblait prier inutilement. Jésus disait : « Mon Dieu, mon Dieu, pourquoi m'as-tu abandonné…! », et Marie savait qu'il s'agissait d'un psaume. Elle pouvait même accompagner ces paroles, mais elle tremblait à la seule pensée des versets qui suivaient : « C'est toi qui m'as tiré du ventre de ma mère, qui m'a mis en sûreté entre ses bras. À toi je fus confié dès ma naissance ; dès le ventre de ma mère, tu es mon Dieu. Ne sois pas loin : l'angoisse est proche, je n'ai personne pour m'aider. » (Ps 21, 10-12.)

Marie savait à quel point tous ces mots étaient vrais, un par un, littéralement vrais ! Elle était là pour en témoigner par le miracle de sa virginité permanente. Elle était la Mère qui avait offert ses entrailles à Dieu. Mais Dieu se taisait. Juste un instant avant de crier que « tout est accompli » et de se confier au Père dans un dernier élan filial, Jésus lui révéla le mystère : le Père du Ciel donnait son Fils « pour le salut de tous », il le consignait par amour dans les mains des pécheurs ; et le Fils non seulement y consentait, mais il voulait aussi que sa mère sur terre consentît à ce doux et terrible échange.

Plus encore, Marie comprit alors qu'elle faisait elle-même partie de cet échange : sa conception immaculée, la grâce qui depuis toujours la comblait était le fruit du sang versé par le Fils. Et, pour la première fois, elle sentit de tout son être qu'elle était vraiment « fille de son Fils », faite par lui, rachetée par lui. « Jésus, voyant sa mère, et près d'elle le disciple qu'il aimait, dit à sa mère : “Femme, voici ton fils". Puis il dit au disciple : "Voici ta mère." » (Jn, 19, 25-27.) À partir de ce moment-là, Marie accepta avec passion cette affection et ce nouvel enfantement, elle accepta d'être la mère « de son fils Jean » et de tous les croyants qu'il représentait. Comme le dit le *Catéchisme de l'Église Catholique* : « C'est au pied de la Croix (cf. Jn 19, 25-27) que Marie est exaucée comme la Femme, la nouvelle Ève, la véritable Mère des vivants. » (*CEC*, 2618.) Alors, l'Église sut qu'elle avait une mère, et Marie sut qu'elle avait d'innombrables enfants qui l'invoqueraient toujours : « Salut, Mère de miséricorde : notre vie, notre douceur et notre espérance[1]. »

1. Traduction du texte du *Salve Regina* : « *Salve, Regina, mater misericordiae vita dulcedo et spes nostra [...]* »

NOTE BIBLIOGRAPHIQUE

Les portraits biographiques et spirituels des saints cités dans ce volume peuvent être lus intégralement dans la série intitulée *Ritratti di Santi*, publié par le père Antonio Maria Sicari, chez Jaca Book, maison d'édition à Milan :

A.M. SICARI, *Il primo libro dei Ritratti di Santi* (1988/2009), 8e édition :

– San Camillo de Lellis
– Santo Curato d'Ars
– San Giovanni Bosco
– San Giuseppe Benedetto Cottolengo

Id., *Nuovi Ritratti di Santi* (1988/2009), 9e édition :

– San Vincenzo de Paoli
– Santa Teresa di Lisieux

Id., *Il terzo libro dei Ritratti di Santi* (1993/2003), 3e édition :

– San Giovanni di Dio
– San Leopoldo Mandic
– Santa Jeanne Beretta Molla

Id., *Il quarto libro dei Ritratti di Santi* (1994/2003), 3e édition :
– Beato Damiano De Veuster
Id., *Il quinto libro dei Ritratti di Santi* (1996/2002), 2e édition :
– Beato Tito Brandsma
Id., *Santi del nostro tempo* (1999) :
– Venerabile Marcello Candia
– Madre Teresa di Calcutta
Id., *Il sesto libro dei Ritratti di Santi* (2000/2009), 6e édition :
– Santa Faustina Kowalska
Id., *Il settimo libro dei Ritratti di Santi* (2002) :
– Elisabetta Canori Mora
– San Girolamo Emiliani
– San Pietro Claver
Id., *Il nono libro dei Ritratti di Santi* (2006) :
– Santa Elisabetta d'Ungheria
– Beata Laura Vicuña
– Beato Vladimir Ghika
– Serva di Dio Dorothy Day
Id., *Il decimo libro dei Ritratti di Santi* (2007) :
– Sant' Alberto Chmielowski
Id., *Il decimo libro dei Ritratti di Santi* (2007) :
– San Giovanni Paolo II
Id., *L'undicesimo libro dei Ritratti di Santi* (2009) :
– Servo di Dio Friedrich Joseph Haass
Id., *Il dodicesimo libro dei Ritratti di Santi* (2011) :
– San Martino de Porres
Id., *Il tredicesimo libro dei Ritratti di Santi* (2013) :
– Santa Katharine Mary Drexel
– Servo di Dio fratel Ettore Boschini

TABLE DES MATIÈRES

Certifié PEFC

Ce produit est issu de forêts gérées durablement et de sources contrôlées.

PEFC 10-31-1470

pefc-france.org

Achevé d'imprimer en décembre 2015 par la SEPEC - France
N° d'impression : 10435151202 - N° d'édition : 16008
Dépôt légal : janvier 2016

IMPRIM'VERT®